Sammlung Luchterhand 626

Gerhard Wolf

Im deutschen Dichtergarten

Lyrik zwischen Mutter Natur und Vater Staat

Ansichten und Porträts

Luchterhand

Originalausgabe
Sammlung Luchterhand, Dezember 1985

Lektorat: Ingrid Krüger
Umschlaggestaltung: Kalle Giese, Darmstadt
Umschlaggrafik: Carlfriedrich Claus »Versuchende Imprägnation
affektuöser Vorgänge mit Sprachdenken I« (1976)
Herstellung: Ralf-Ingo Steimer
Gesamtherstellung bei der
Druck- und Verlags-Gesellschaft mbH, Darmstadt
ISBN 3-472-61626-1

Inhalt

Im deutschen Dichtergarten

Der Blumengarten

Am See, tief zwischen Tann und Silberpappel
Beschirmt von Mauer und Gesträuch ein Garten
So weise angelegt mit monatlichen Blumen
Daß er vom März bis zum Oktober blüht.

Hier, in der Früh, nicht allzu häufig, sitz ich
Und wünsche mir, auch ich mög allezeit
In den verschiedenen Wettern, guten, schlechten
Dies oder jenes Angenehme zeigen.

(Bertolt Brecht)

Ich lade Sie zu einem Besuch im deutschen Dichtergarten ein. Ich weiß, Dichtergarten, das klingt altmodisch nach Romantik, Abseitigkeit und Idylle.

Aber wie so oft täuschen uns die Begriffe oder das Bild, das wir uns von ihnen gemacht haben. Die deutsche Romantik, von der plötzlich wieder so oft die Rede ist, man hat es wiederentdeckt, ist durchaus nicht nur idyllisch – die berühmte Blaue Blume –, so wenig wie die schnurgeraden, sauberen deutschen Schrebergärten romantisch sind, diese nützlichen Vereinsbeete, die man wieder pflegt, beileibe nicht abseits und allein, sondern wieder auf dichtem Raum beisammen, akkurate Areale im industriell zersiedelten Land der Wohnsilos, die man doch hinter sich lassen wollte. Aber:

Auf der Flucht
vor dem Beton
geht es zu wie im Märchen: Wo du
auch ankommst
er erwartet dich
grau und gründlich (. . .)

mit asphaltierten Wegen und Lauben aus Fertigteilen.

Die Gärten der Dichter sind anderer Natur, real und romantisch, kunstvoll und verwildert, auch unwegsam und mit verschlungenen Pfaden, auf denen man sich ergehen aber auch verlaufen kann. Der Dichtergarten – eine Werkstatt des Schöpferischen, durchaus sinnlich zu begreifen und zugleich nicht ganz von dieser geordneten Welt:

(. . .) wenn ich die Traube hebe,
deute, denke, wohin
werden die Pflücker den Strauch bewegen
mit den ungleichen Armen
im verträglichen volkseigenen Garten,
dem wildwüchsigen, ohne Wirt und Wächter?

(Walter Werner, »Himbeerpflücken«)

Der Garten nicht nur Ort und Anlaß für ein Gedicht, der Garten als ein Gleichnis, nicht nur für besiedeltes, verwaltetes Terrain, sondern als Symbol für eine Vorstellung von Bei-sich-Sein im Grünen, von Zuhause, von Heimat, »Hüsung«, wie man es seit Fritz Reuter – nicht ohne irrlichternden Hintersinn – in Mecklenburg immer noch nennt.

Der Garten, als das Land, in dem wir geboren sind, eben das – wir werden es sehen – vieldeutige Vaterland. Und schließlich und nicht zuletzt der Garten, nicht zu verstellen durch Zäune, nicht abgesteckt in konforme Parzellen, nicht begrenzt durch irgendwelche Hindernisse, sondern der Garten aller Gärten, der über Wege und Beete hinauswächst, der Garten unserer Träume.

Wie heißt es doch bei Hölderlin in einem seiner seltsamsten halluzinatorischen späten Gedichte, in denen er die Geliebte zu sich sprechen läßt:

Wenn aus der Ferne, da wir geschieden sind,
    Ich dir noch kennbar bin (. . .)
In jenen Gärten, da nach entsetzlicher
    Und dunkler Zeit wir uns gefunden?

Der Garten als Territorium der Utopie, der unerfüllten, nicht erfüllbaren Sehnsucht, von der Ingeborg Bachmann in ihrem Gedicht »Nord und Süd« schrieb:

Zu spät erreichten wir der Gärten Garten
in jenem Schlaf, von dem kein dritter weiß.
Im Ölzweig wollte ich den Schnee erwarten,
im Mandelbaum den Regen und das Eis (...)

Der schöne, oft verzweifelte, aber immer wieder unternommene Versuch, aus dem Gewohnten auszubrechen, ins Niegeschaute, nie Erreichbare und doch Gesuchte, für das man den Namen, die Erklärung nicht hat. »Auf Flügeln des Gesanges« – hieß es nicht einmal so? Der junge Heine schrieb das in seiner Berliner Studentenzeit. Und wohin? Zu welchen Zielen?

Die heutigen Dichter – wir werden es sehen – sprechen stocknüchtern davon.

»Ich habe seit Jahren überhaupt keine analytischen Impulse mehr«, sagt zum Beispiel der Dramatiker Heiner Müller und fährt mit bei ihm bisher unerhörten Sätzen fort: »In gewisser Weise ist ja Kunst eine blinde Praxis. Ich sehe da eine Möglichkeit: das Theater für ganz kleine Gruppen ... um Phantasieräume zu produzieren, Freiräume für Phantasie – gegen diesen Imperialismus der Besetzung von Phantasie und der Abtötung von Phantasie durch die vorfabrizierten Klischees und Standards der Medien. Ich meine, das ist eine primäre politische Aufgabe, auch wenn die Inhalte überhaupt nichts mit politischen Gegebenheiten zu tun haben ... im Moment halte ich es für allein wichtig, daß überhaupt etwas entsteht in diesen Ordnungsstaaten.«

Wie es scheint, hat in der Literatur – und sicher in beiden Staaten – ein Umschwung stattgefunden, den wir bis jetzt in seinen Konsequenzen noch gar nicht so recht wahrgenommen haben, eine Verschiebung im Bewußtsein, im Lebensgefühl oder wie immer man das nennt, und vielleicht hat das Gedicht besonders sensibel darauf reagiert? Die Tonart, das Sprechen selbst, ist verhaltener geworden, bedenklich, manchmal bis hin zur beunruhigenden bösen Resignation. Und vom selbstgewissen, missionarischen Überschwang, von der überzeugten Geste, die auch anstrebte, überzeugen zu wollen – sie äußerte

sich ja im politischen Gedicht recht drastisch –, ist nicht viel geblieben, während man die Veränderungen aus der einfachen Beobachtung des Alltäglichen, aus dem sorgsamen Beachten auch des geringsten Vorgangs um uns aufspüren will.
»Letzter Gartentag« ist ein Gedicht von Günter Kunert überschrieben, das unser Motto auch im Sujet des Gedichts selbst aufnimmt:

Hast du bemerkt
wie entgegen dem Augenschein
die Fliegen wie die Fliegen sterben?
Sommer für Sommer mißlingt
der Ausbruch der Wespen
aus einer ausgetrunkenen Cola-Flasche.
Die Blätter ringsum sind rastlos
und fallen trotzdem
wie du siehst und meine Hand
auf der Lehne ist eine unbeholfene Wurzel
nur für eine Weile zum Festhalten
geeignet. Der Schatten des Hauses
nähert sich uns unaufhaltsam
wie ohne Absicht
Hast du
den schwarzen Falter bemerkt
jetzt am Nachmittag und daß er
aussieht wie Asche? Und
daß alle Dinge sich anstrengen
damit wir etwas wahrnehmen
was so wenig zu bemerken ist
wie die Bewegung der Erde
im Universum
obwohl genauso
unwiderruflich.

Ich möchte von meinen Begegnungen mit zeitgenössischer Dichtung, mit Autoren heutigen Tags und vergangener Zeiten sprechen, mit denen ich letzthin beschäftigt war, möchte vortragen, was mir da und dort auffiel, nicht allzusehr geordnet oder gar in ein System gebracht, indem ich den Leser auffordere, meinen persönlichen Neigungen zu folgen, Assoziationen, die sich einstellen, nachgebend, Verbindungslinien, die sich daraus ergeben, vielleicht ein paar Zusammenhänge, die aufblitzen und deutlich machen, daß es zwischen den Epochen und Jahrhunderten deutscher Dichtung keine strengen Trennungslinien gibt; daß Impulse, einmal erregt, weiterleben, wieder aufgenommen werden in manchmal fast verwirrender Vielfalt, daß sich der Baum deutscher Dichtung – Stephan Hermlin hat das Bild geprägt – schon immer über verschiedenen Staatsgebilden verzweigte, sich darüber erhob, sie überdauerte.

Ein Gedicht, lange zuvor geschrieben – da haben wir so eine Assoziation –, nimmt das Bild überraschend auf:

Nur ein Blättchen in Gedanken
Riß ich von dem Baume ab,
Alle Blätter mit mir zanken,
Daß ich es zerrissen hab.
Und das Blatt hing fest am Zweige,
Der an tausend Blättern reich,
Wie der Baum aus tausend Zweigen!
Alle sind dem Baume eigen,
Sie beschatten seinen Boden,
Und der steht in Gottes Hand,
Durch sein Laub haucht Gottes Oden,
Und er hat ein Vaterland.

Ich kam nicht im Sonnenstrahl,
Schneite nicht in dieses Thal,
Sing ich auch mit aller Völker Kehlen,
Vaterland und Muttersprache fehlen;
Und mein Laub es hängt hernieder,
Wie am neugepflanzten Baum
Es entfällt mir wie die Lieder,
Was ich singe, weiß ich kaum.

»Er schloß den Abend gar traurig mit einem deutschen Liede, welches... zugleich sein Leid klagte, kein Vaterland zu haben, das so vielen Deutschen zu fehlen scheint«, heißt es in Prosa zu diesem Gedicht, das Achim von Arnim ziemlich unvermittelt in eine seiner Erzählungen einstreut (»Angelika, die Genueserin und Cosmus, der Seilspringer«). Ein Lied, das von dem Gegensatz, wie ihn Günter Eich einmal aus den Worten heraus versteht, noch gar nicht berührt ist: nämlich, daß jeder von uns seinen Vater Staat, aber seine Mutter Natur hat, so wie er von seinem Lande als dem Vater-Lande, von der Sprache aber als seiner Mutter-Sprache spricht. Diese saubere Trennung und doch so schöne Eindeutigkeit der Begriffe kann für den Lyriker, der heute zu schreiben beginnt, wiederum nicht mehr gelten. Die Wehmut, die Klage, der Tatbestand ist einer Verschiebung gewichen, die bis in die Sprache selbst hinein reicht, wenn wir da – aus einem Manuskript – unter dem Titel »rasender schmerts weiterlachen« den Text eines Autors lesen, der sich nicht mehr der guten deutschen Grammatik verpflichtet fühlt, sondern in aussprachegerechter Rechtschreibung alles klein schreibt und über ganz eigene, neue Form-, Wort- und Silbenverbindungen seiner – unserer – Sprache frei verfügt:

rasender schmerts   weiterlachen

ich such die kreuts die kwehr
kreutsdeutsch treff ich einen
gruess ich ihn kwehrdeutsch
auf wiedersehen faterland
ich such das meuterland

dort muessen sie landen
die kleinen gruenen jungs
in ihren warmhalteuniformen
daumenlutscher lutschen dorne
streifzuegler im grossfeuerholz

spannend erzaehlt   weitermachen

Ein solches Gedicht – es stammt von dem 1956 geborenen Bert Papenfuß – stellt sich bewußt kwehr gegen eine großväterliche Tradition, und doch erscheint auch ein solches Geständnis – um noch einmal Hermlin, diesmal aus dem Jahre 47 zu zitieren – wie »jeder künstlerische Akt... als der Versuch, eine niemals ganz ausgesagte Brüderlichkeit herzustellen«. Es sei immer die Unvollkommenheit der deutschen Zustände gewesen, die zum machtvollsten Antrieb der Dichtung wurde – »Unruhe und Schmerz«. Warum sollte es gerade heute anders sein?

Vater
Lands
Los, in
Meiner
Mutter
Sprache
Zuhaus
Um mich
Die Wand
Aus Büchern
Eine Mauer
Gegen den Tod
Verzweiflung
Rettet uns
Nicht

So liest man es – Wort für Wort untereinander geschrieben – im letzten Gedichtband »Im Lande Vogelfrei« von Volker von Törne, der bereits mit sechsundvierzig Jahren starb, der schon in den späten 50er Jahren – da wurden, die heute zu dichten beginnen, geboren – die »Frage« stellte:

Mein Großvater starb
an der Westfront;
mein Vater starb
an der Ostfront: an was
sterbe ich?

Christoph Meckel hat in seinem Epitaph für Törne geantwortet: »Durch ihn, wie durch wenige, ging der beschwerliche Riß – Ästhetik und Weltanschauung, das Singen und Handeln (...) Nichts Deutsches in Ost und West ließ ihn ruhig leben, und nichts, was Vergangenheit hieß, war für ihn vorbei ...«
Unruhe und Schmerz – Singen und Handeln.

Gieb Flügel mir und einen Hügel Sand,
Den Hügel Sand im lieben Vaterland,
Die Flügel schenk dem abschiedsschweren Geist,
Daß er sich leicht der schönen Welt entreißt (...)

Dieses Epitaph schrieb sich Achim von Arnim vor mehr als hundertfünfzig Jahren, und mit dem Sand ist natürlich des deutschen Reiches Streusandbüchse gemeint, die Mark Brandenburg, Preußen – von dem plötzlich wieder soviel geredet und ausgestellt wird; ein deutsches Reich bestand zu Arnims Zeiten nicht.
Die Schriftsteller, die es heute aus den unwirtlichen, gehetzten Städten aufs Land zieht, wer erinnert sich, daß sie just in einem romantischen Dichter eine Art Vorläufer haben? Denn Achim von Arnim zog sich nicht auf sein Gut in Wiepersdorf zurück, um das einfache Leben zu genießen – Aussteiger, alternative Lebensweise würde man heute dazu sagen –, sondern weil er in seinen Unternehmungen, sich in die Belange von Politik und Staat einzumischen, gescheitert, nach anderen Möglichkeiten sucht, sich zu verwirklichen. In Briefen an die Grimms schreibt er: »Es ist im Ganzen etwas ganz Wunderliches mit dem Landleben, oft plagt mich eine schmerzliche Sehnsucht nach Freunden, nach der Welt, aber selbst dieser Schmerz ist heilsam und ich fühle mich freier und ruhiger als in der Stadt... Nirgends als auf dem Lande tritt einem die schreckliche Dummheit der Weltherrscher so klar vor Augen, auch wird man selbst auf manchen eignen Irrthum geführt... Übrigens umzieht mich die Erde immer enger mit ihren Ansprüchen. Was ich da der Welt förderlich meine, kommt ohne

Namen in die Welt und hat auch schon hin und wieder gefruchtet...« Mutter Natur – nicht Vater Staat. Arnim erfüllt sich die Vision vom bestätigten Leben in seiner Dichtung. Und – ist es nicht auch ein gutes Zeichen, daß er unter ganz anderen Perspektiven gerade heute wieder gelesen wird? Eine Ausgabe seiner gesamten Prosa mit den schwierigen, arabesken Romanen wird in der DDR unter dem Ladentisch verkauft. Vielleicht findet man gerade bei ihm etwas von dem Freiraum an Phantasie, nach dem man sich insgeheim sehnt? Erfährt, wie Unruhe und Schmerz zum Antrieb für Dichtung werden, die sich nach einem vollständigen Dasein noch immer sehnt? »Der Mensch ward Eigentum der Dinge dieser Welt«, schreibt Arnim in seinem Aufsatz »Von Volksliedern«, »weil keiner dem Drange seiner Natur, sondern ihrem Zwange nachleben wollte und konnte...«
»Lustgarten, Preußen« lautet heute Volker Brauns grimmiger Kommentar dazu:

Das Gras gepflastert.
O Schweiß der Ämter, die Weisheit
Des Volks demselben, eh sie
Zitiert wird, einzu-
Rammen in das Gemüte.

Aus dem Zwang der Dinge sind längst die Industriegesellschaften und Ordnungsstaaten geworden, von denen Heiner Müller spricht, und man ahnt doch nun, warum von den Dichtern der Romantik, die als erste die Entfremdungserscheinungen in diesem »großen Arbeitshause« spüren und sich schon gegen sie wehrten, als sie gerade aufkamen, wie von ihnen zu modernen Autoren offene und geheime Ströme führen, weil dort vorweggenommen wird, was uns jetzt, euphemistisch gesagt, bedroht.

Das Gedicht bloß gewahrt
was hinter den Horizonten verschwindet
etwas wie wahres Lieben und Sterben

die zwei Flügel des Lebens
bewegt von letzter Angst
in einer vollkommenen
Endgültigkeit.

Das Gedicht von Günter Kunert, das mit diesen Zeilen schließt, hat den Titel »Unterwegs nach Utopia«. Von einer Hoffnung auf irgendein Paradies ist ihm nichts geblieben. Aber Arnims »Flügel der Seele« schlagen sichtbar in seine Zeilen hinein, und es scheint mir kein Zufall zu sein, daß Sarah Kirsch in einem ihrer Gedichte, in dem sie zwischen unseren zwei Ländern unterwegs ist – sie nennt es »Reisezehrung« – durch den nächtlichen Park von Wiepersdorf irrt – das Schloß ist heute Arbeits- und Erholungsstätte für Künstler – und ihre Freunde und Kollegen von einst und jetzt mit Namen anruft, wie sie vor Jahren in guter Gemeinschaft mit ihnen zusammen war:

Als die Eulen zu fliegen begannen, die Käuze
Einladend riefen, lief ich im Park hin und her
Traf die Dichter rings in den Tannen.
Czechowski kam klagend den Hauptweg entlang
O mein Leben rief er fressen die Geier
Ich weiß nicht wo ich fürderhin bin
Aus der Harfe des kopflosen Orpheus
Hörte Edi das Sirren und nickte.
Leising und Mickel lehnten am steinernen Söller
Als eben der Mond über Jüterbog makellos aufging
Sie tranken spanischen Rotwein von Fries
Und skandierten herrliche Stücke, Grabbe
Hatte den Finger ins Windlicht gesteckt
Und machte Elke eine lange Erklärung. Braun
Dachte einesteils andrerseits und erwog den Gedanken
Sein Schauspiel zum siebten Mal zu verändern
Da trieben uns die reinsten Akkorde
Die Stufen hinunter und ich riß die Tür auf.
Bobrowskis schöner Pferdekopf

Sah uns übers Harmonium an, ihm gehörte
Der Wintergarten mit den litauischen Bäumen
Er warf den Schneesturm an, spielte
Wolfsgeheul mit zerbrochenen Registern und Hymnen
Auf Texte von Brockes. Die flackernden Lichter
Die schaukelnden Bäume zerspringenden Gläser
Fliegenden Stimmen in dieser einzigen Nacht
In Bettines Haus. Die Schatten der Freunde
Zerstreuten sich in alle vier Winde.*

Mit der Romantik eines solchen gegenwärtigen Gedichts ist es natürlich nicht geheuer. Aber vielleicht ist dieser so schwer beschreibbaren Wirklickeit ohne die Ungeheuerlichkeit des Traums und des Märchens gar nicht mehr beizukommen? Der Garten der Dichter, die hier mit Namen aufgerufen werden, ist ja zerstört, er lebt nur in diesen Versen fort, wie sie selbst in ihren Versen, wie der tote Bobrowski, der in aller Namen spricht, wenn er sagt:

Die mich einscharren
unter die Wurzeln,
hören:
er redet,
zum Sand,
der ihm den Mund füllt – so wird
reden der Sand, und wird
schreien der Stein, und wird
fliegen das Wasser.
(»Antwort«)

---

* Die im Gedicht genannten zeitgenössischen Autoren nach der Reihenfolge ihres Auftretens: Heinz Czechowski (geb. 1935), Lyriker, Essayist (»Ich, beispielsweise«, 1982). Edi d.i. Adolf Endler (geb. 1930), Lyriker, Essayist, Erz. (»Akte Endler«, 1981). Richard Leising (geb. 1934), Lyriker (Poesiealbum Nr. 97, 1975). Karl Mickel (geb. 1935), Lyriker, Essayist (»Eisenzeit«, 1975). Fritz Rudolf Fries (geb. 1935), Erz. (»Das Luftschiff«, 1974). Elke Erb (geb. 1938), Dichterin (»Der Faden der Geduld«, 1978). Volker Braun (geb. 1939), Lyriker, Dramatiker (»Training des aufrechten Gangs«, 1979). Johannes Bobrowski (1917–1965).

Es wäre schon verführerisch, alle die im Gedicht von Sarah Kirsch aufgezählten Autoren in einem imaginären Dialog eintreten zu lassen, der ja momentan als reale Begegnung durch manche Erschwernisse kaum möglich ist. Ein Dialog, in dem sie uns wechselseitig ihre Verse hersagten und wir so eine Literaturgesellschaft vor uns hätten, die einen wesentlichen Aspekt deutscher Dichtung von heute repräsentiert. Es wäre ein Dichtergespräch von Berlin-Ost nach Berlin-West, ein Disput zwischen Czechowski in Leipzig und Sarah Kirsch in Schleswig-Holstein, zwischen Elke Erb aus Berlin-Ost, deren Band »Trost« in Frankfurt/M. erschien, mit ihrer Vorläuferin Bettina von Arnim, deren Günderrode-Roman jetzt wieder im Gespräch ist. Bettina, die aus Frankfurt am Main kam und im märkischen Sand begraben liegt, die einst schrieb:

Nichts ists was mir den Blick gefesselt hält.
Auf diesem Hügel überseh ich meine Welt.

Ich muß mir diese reizvolle poetische Auseinandersetzung, zu der man noch andre Namen hinzufügen müßte, hier versagen und möchte nur Heinz Czechowski zu Wort kommen lassen, nicht mit seinem Lob auf »Reichardts Garten« in Halle, das hier nur allzu passend wäre, sondern mit einem Gedicht, das – anders als das von Sarah Kirsch – Dichternamen zusammenführt. Es hat den harmlosen Titel

Sanft mit dem Regen

Die kleineren Katastrophen
Nähern sich mit dem Regen,
Der in den Vormittag fällt:
Lehmann ging durch die Knicks,
Loerkes gedenkend, da
Schlugen drei Braunhemden schon
In Berlin eine Schaufensterscheibe
In Stücke. Da
War es zu spät schon,
Dem Anfang zu wehren, da

zerrten sie Mühsam am Bart, da
Gingen die Dichter über die Grenzen,
Da stritten sie sich
In Zürich oder Paris um die Linie,
Da wurden welche versteckt,
Und diese versteckten wiederum andre,
Da war aus der kleinen Katastrophe
Schon eine große geworden,
Da rollten schon Panzer,
Da bellten Geschütze,
Da dauerte es schon nicht mehr lange,
Und staunend sah die entsetzte
Welt ihren Rauchpilz.
Da kamen die Dichter zurück,
Die jedenfalls, die noch lebten,
Und schrieben in Saarow, Berlin oder Kilchberg
Solang sie noch lebten. Nun
Sind wir an der Reihe:
Wir schreiben in Halle, Berlin oder Weimar,
Ich beispielsweise,
Sitze in Wuischke, während der Regen
Sanft in den Vormittag fällt.

Man kann in der deutschen Dichtung aller Zeiten, also auch heute, also auch unter den verschiedensten gesellschaftlichen und politischen Gegebenheiten, zwei Bestrebungen ihrer Autoren erkennen: Zum einen, die poetische Provinz zur Welt zu erweitern; um in unserem Bilde zu bleiben: über den häuslichen Garten hinaus zu blicken, sich mit den Unvollkommenheiten eines Zustandes – um es sanft zu sagen – nicht abzufinden und sie im Gedicht selbst zu überwinden; den vorgegebenen Bereich – jetzt mit dem Titel des letzten Gedichtbandes von Erich Arendt zu sprechen – zu *entgrenzen*, mit ihm zu sagen:

Kein Mund mehr
entmündigt
die eigene Stimme

Ein solches Streben, solches Bemühen, solches Sich-selbst-Behaupten – Sie merken, ich suche nach vielen Begriffen für eine Sache und weiß, daß ich sie nur unzulänglich treffe –, kurzum: es betrifft bei einem Dichter seine Existenz.
Die Situation des inneren Widerstands, des Sich-nicht-Abfinden-Könnens mit den herrschenden Zuständen, ist der deutschen Dichtung seit Jahrhunderten geläufig wie die Konsequenz – um die zweite Bestrebung zu nennen –, die Grenze zu überschreiten, ins Exil zu gehen. Seit Walter von der Vogelweide waren Dichter nicht nur unter einer Regierung in einer deutschen Provinz, in einem Staatsgebiet zu Hause, sondern sahen sich als Vaganten, als Grenzüberschreiter, wenn sie, aus freiem Willen oder widerwillig gingen, geistig oder existentiell ins Exil getrieben wurden.
Erich Arendt gehört zu denen, die man 1933 vertrieb, gehört zu denen, die nach 1945 zurückkehrten, sich mit den inneren und äußeren Begrenzungen nicht abfinden konnten und wollten und sich im Vers gegen solche Begrenzungen aufrichteten, mit der schmerzlichen Selbstbehauptung des dichterischen Worts.

WIE SONST denn
könnte es Worte geben
Gebürtigem zu (. . .)

Ich will aus seinem letzten Band »entgrenzen« das Gedicht lesen, das er Einstein zum 100. Geburtstag gewidmet hat, ein Gedicht – Sie werden den bitter polemischen Ton vernehmen –, das weiterdichtet, wo Arnim – da er »des Denkens satt« – zuerst Zweifel am Denken kamen. Gedicht, das nichts mehr von Heilserwartungen weiß, sondern es uns überläßt, aus dieser Situation, die uns sanft wie der Regen ankommt, Schlüsse, aber was heißt das Schlüsse? zu ziehen.
Arendts Gedicht – das unseren braven Garten zum Universum erweitert – hat die Überschrift »entrindet«:

wir waren
welle waren meer
es trieb unser puls
das floß der medusa
glänzend ein schild, sibylle
dir zu

aber am grund
deiner augen längst
die mythe
tot

wir ödipus erben
verkrüppelt
die blindwut der hände
zieh fester
ins hohl
die schraube
den stolz ins
getriebe

stein und mensch
erd- und
himmelgebürtig

eins waren wir

welt
eine leer-formel
verziffert nun alles
gespeicherte nullen wir
computer-entseelt
gefangen

spalten! entleeren! und
spalten! bis –
fehlgeboren
der ball

es gleitet
motor-verhurt die hand
ins autogekrös:
einkapseln und ho!
der tachometer er
schnellt

und hautlos und mundlos
plastikglasauge
bloß kein umarmen

WIR SIND EIN GESPRÄCH
hat der dichter gesagt

im gummifluß-speech
eine gleichung
letztletzten grades

in dieser
hundertjährigen
nacht
unflätig spreizt
sieben schenkel sein
rechtwinkliges dreieck

die materie
erlöst

Einstein
hat aus dem kasten
die geige genommen

er spielt

Nein, ich will dieses Gedicht nicht interpretieren. Die leidvolle Skepsis – Nachtseite unserer Realität –, die bei einem Dichter wie Arendt solche Worte hat –

schmerz-alt
schmerz-jung
Schmerz
Wörter für Schmerz

– sie stellt glaube ich, die Sprecher der jüngsten Generation vor die Frage, wie sie sich – in solchen Zeitläufen und vor solcher Tradition, der schon alles über die Lippen ging – überhaupt noch zum dichterischen Bild, zum Vers, zum Wort stellen können. Bild- und Sprachzweifel greifen um sich und verlangen doch auch nach Formulierung, oft ist das Ergebnis desperat, »leben sie doch mit ihrer Gegenwart ohne Verheißung« (Elke Erb).

Ich möchte Gedichte von zwei DDR-Autoren vorstellen, die bisher nur spärlich debütieren konnten. Beide sind sie in der Mitte der fünfziger Jahre geboren, »Hineingeboren« – wie es Uwe Kolbe, ihr schon bekannter Kollege, bezeichnete.

Der Dresdner Thomas Rosenlöcher nimmt durchaus tradierte Bildwelt auf, spielt mit ihr, romantisch-ironisch, listig, nicht ohne einen sich selbst parodierenden skeptischen Humor. Sein Gedicht kommt mir zupaß, weil es noch einmal unser Gartenmotiv strapaziert.

Die Verlängerung

Ich lag in meinem Garten bei Kleinzschachwitz
in einem Grün von niegesehnem Ausmaß
und sah, nachdenkend über die Belange
der unerhörten Rose und des Staats,
hoch über mir den größten Tröster Himmel,
als ich, kam das vom heftigen Nachdenken,
ein sanftes Ziehn in meinen Beinen spürte.
Ich wachse noch, sprach ich und freute mich.
Jedoch die Füße lagen schon am Zaun,
vor dem sie einen Augenblick verharrten,
eh sie losfuhrn. O rasende Zellteilung
an Häusern aufwärts, abwärts, über Dächer.
Wo sie hinkamen, stockte der Verkehr,
die Reichsbahn tobte, Menschen stauten sich,
bestaunten dieses langgestreckte Wunder
und übten sich daran im Balancieren.

Doch längst war es, die Sparte frohe Zukunft
durchfurchend, aus der Stadt hinausgeglitten,
schlief sanft in Wäldern, rauschte durch Kornfelder
ins Läuten stiller Mittagsdörfer ein,
und frohen Mutes fuhr ein Vögelein
auf einer Zehe mit, tandaradei,
doch hinterher, einsam, die Polizei
mit ernstem Blick quer durch den Staub der Äcker
in eines Sees noch unerforschte Tiefen,
wo sie verschwand. Der Staat war in Gefahr.
Denn meines Leibes Doppelröhre nahm,
kaum, daß sie aufgetaucht war aus den Fluten,
Kurs auf die Hauptstadt. Die Regierung tagte,
kein Wort kommt in die Zeitung, Helikopter
erhoben sich, der Lage Herr zu werden,
die Straßen füllten sich mit Dynamit.
Doch eh man meine weitgereisten Füße
absprengte, knapp vorm Brandenburger Tor,
geschahs, daß sie von selber stillestanden,
da ich in meinem Garten bei Kleinzschachwitz,
in jenem Grün von niegesehnem Ausmaß,
wo ich nachdachte über die Belange
der unerhörten Rose und des Staats,
in Anbetracht des großen Trösters Himmel
den Finger an die Nasenspitze legte
und bei mir sprach: Man muß bescheiden sein.

Metaphorische Sprache und Anspielung, Bescheidenheit, auch als ironische Floskel, ist nicht Sache des anderen Autors – Bert Papenfuß, dessen Absage an Vater und Mutter wir schon eingangs hörten. Er kann den herkömmlichen Wörtern und ihrer Semantik nicht mehr vertrauen, sie zersetzen sich vor seinen Augen, er setzt sie neu zusammen, spielt und sieht zu – auch manchmal gegen Resultat oder lineare Logik –, wie sie sich dabei benehmen. Überraschend wird bei einem Außenseiter wie Kurt Schwitters angeknüpft. Und wie sich nach dem Kriege aus einem ganz bestimmten Klima heraus die Wiener Schule der mit der Sprache experimentierenden Dichter bildete – von denen sich Altmeister Ernst Jandl heute bis aufs Theater durchgesetzt hat –, so scheint sich bei diesen jungen Berliner Poeten – denn Papenfuß ist nur einer von ihnen – aus dem Mißtrauen gegenüber allen vorgeformten Sprach- und Sprechblasen, gegenüber manipulierter Information, ja Ideologie schlechthin, eine eigene poetische Methode durchzusetzen, die es darauf angelegt hat, die Worte beim Wort zu nehmen, zu zeigen, was in ihnen steckt »hier und jetzt am kreuzweg im flieder«:

(. . .)
weltanschaudernden gedanken ausgeliefert
beißt er naegel rauft seine haare
und sauft seine wahrheit in grund & boden
er scheiterte an heuchelei & hintergang
er an den angeblich gescheiten scheiteren
auf jeden fall aber geschmeidigeren
dann bloekt er ihren namen & sie kommt
mascha kommt & richtet ihn auf & her
wenn es jemand sagt dann braucht er
jemanden ihn gernzuhaben sehr gern
besonders weltanschauderweltanschauer
(. . .)
die ferzweifelten kommen & schreien
wir sind mutterseelennackt & splitterallein
& dies ist das ende & ich kann nicht leben
dann fallen sie um & schlafen sich gut aus
& ich bin fon jetzt ab nicht mehr
kein dichter des haareshaares mehr
& rede nun nie mehr in roxichten toenen
(. . .)

Aus der illusionslosen Sicht – aber das ist ein schwaches Wort – Welt anzuschauen, empfindet dieser Weltanschauer zugleich den Schauder mit, der ihm beim bloßen Anschauen kommt, beim Beschauen von diesem hier, das einem schon Schauer über den Rücken jagen kann. Ende der Beschaulichkeit. Eine Anschauung der Wörter, die den Leser reizen kann, nun selbst die Worte einmal herzunehmen, um zu sehen, was sie alles hergeben – und zu solchem Mittun wird hier auch aufgefordert: wenn nicht nur die Silben der Wörter, sondern auch ihre Buchstaben durcheinander geraten, wenn Verzweiflung vorn mit einem scharfen f geschrieben wird wie ferzweifelt, hören sie also bei dem nächsten Text dieses scharfe f mit, das der üblichen Vorsilbe von verlieben und verschlafen einen anderen Ton gibt.

wie er aussieht & dafonstiebt

hat er arbeit ferarbeitet
    hats lieben ferliebt
hats fressen ferdaut
    hats lernen ferlernt
hat schlafen ferschlafen
    wenn er aufsteht
& draufgeht
                    drauf los geht
zaghaft & in frage
    ausser stande zu fressen
die tierischen brueder
    jeden morgen marmelade
teilen sich trauer & wut
    den tag mit heiterkeit
& klammheimlichkeit
    wenn der schnee taut
geht er in turnschuhen
    kwehr durch die pfuetzen
tanzt er den spritswoalk

jeden abend sein
ein-mann geheim-bund
kein-mann-gemein-bund

gemeinsamer allein-bund
grau's sohn-bunter hund
mund
rund
fund
kund
wund
zund
erch

Auch ein solches Gedicht könnte man ausführlich kommentieren, könnte nachweisen, wie bestimmte Einflüsse und Meriten der von uns meist übersehenen und überhörten konkreten und Laut-Poesie hier bei einer neuen Generation überraschend aufgegriffen worden sind. Und sie haben auch den Laborgeruch verloren, die Texte, die emotional einer Situation entsprechen mit ihren grell hämmernden Takten von plebejischem Rock und Punk, zu dem dieser Autor seine Verse schreibt und vorträgt, Absage und Schulterzucken einer Jugend gegen diesen »Imperialismus der Besetzung von Phantasie«. Ohne Verheißung?

alle in eins jetst
alle gemein jetst
die ztaat rokkten
& nixt tsu rollen
gewesen sind die
ztein gewesen sind
bilden eines tags
gemeinwesen denn
der ztaaten los
ist ztaatenlos so
wirds sein eines
tags fliegen wir
leibhaftig
leibeigen

ferruekkt
& unbeherzt
in unser all
gemeinwesen
alle gemein jetst
& keiner kann uns
keiner kann kunst
keiner kennt uns
keiner kennt kunst
alle in eins jetst
alle gemein jetst

Das Gedicht kommt nicht aus, ohne der versteinerten Welt Flügel zu geben:
Auf der Flucht vor dem Beton – Vater-Lands-los – muttersee-lennakkt und splitterallein – gieb Flügel mir – sanft mit dem Regen – spalten, entleeren, spalten – so wird reden der Stein – schmerz-alt – schmerz-jung – rasender schmerts –

Ich will zu einem Ende kommen in diesem Dichtergarten, der mich längst – aber davor habe ich ja gewarnt – vom blumigen Pfad immer weiter wegführt. Ich hätte noch gern erzählt von den Dichtern in ihren grünen Gehäusen. Davon, warum Günter Eich seinen Gedichtband »Anlässe und Steingärten« nannte; oder von Georg Maurer, den hier kaum einer kennt – im Rosengarten zu Leipzig; von Brecht und seinem Garten in Buckow an kleinen Nachmittagen.
Ach, die Gärten der Dichter. Es ist ein weites Feld, und ich habe nicht die Hälfte von dem dazu gesagt, was man sagen müßte, und belasse es bei diesen ersten Einfällen und Anlässen, die ich im märkischen Dichtergarten von einst weiter abgrasen werde, die mit neuen Gedichten von heute mir entgegensprießen: »O, mir entwischt nicht, was die Menschen fühlen«, sagt von dort die Karschin. »Laß kommen dichter/was ferner so kommt«, klingt es von Papenfuß als Echo zurück. Noch Fragen dazu?

In Sarah Kirschs Gedichtband »Erdreich« findet sich ein Text, der hat noch einmal mit ›unserer Thematik‹ zu tun. Er hat den wenig besagenden Titel »Ausschnitt«:

Nun prasselt der Regen.
Nun schlägt er Löcher in den Sand.
Nun sprenkelt er den Weg.
Nun wird der Weg grau.
Nun wird das Grau schwarz.
Nun weicht der Regen den Sand auf.
Nun rieseln Bäche durch den Schlamm.
Nun werden die Bäche zu Flüssen.
Nun verzweigen die Flüsse sich.
Nun schließen die Flüsse die Ameise ein.
Nun rettet sich die Ameise auf eine Halbinsel.
Nun reißt die Verbindung ab.
Nun ist die Halbinsel eine Insel.
Nun wird die Insel überschwemmt.
Nun treibt die Ameise im Strudel.
Nun kämpft sie um ihr Leben.
Nun lassen die Kräfte der Ameise nach.
Nun ist sie am Ende.
Nun bewegt sie sich nicht mehr.
Nun versinkt sie.
Nun hört der Regen auf.

(1982)

Trösteinsamkeit
Achim von Arnim – der märkische Romantiker als Einsiedler

1

Als der Erntewagen kommen,
Zog er auch am Rosenzweig,
Weil er war zu breit geladen,
Hat der Zweig davon genommen,
Wär's verloren, war's ein Schaden,
Was ich sammle, macht mich reich . . .

An einem Maitage des Jahres 1816 besuchte Wilhelm Grimm die Freunde Achim und Bettina von Arnim auf ihrem Gut Wiepersdorf im Ländchen Bärwalde südlich von Berlin, heute in zwei Stunden zu erreichen, damals mehr als eine halbe Tagesreise entfernt.

»Die Kinder«, schildert Grimm es seinem Bruder Jacob, es sind drei Jungen nach fünf Ehejahren, »werden fast wie Bauernkinder aufgezogen und laufen in Kitteln, deren Zeug Bettine selbst gewebt (. . .) Arnims Haus ist geräumig und der Garten daran und der Wald von Birken dahinter schön, doch« – schränkt der nüchterne Grimm den ersten, günstigen Eindruck sofort ein – »ist jenes inwendig ziemlich verfallen, war aber mit Pracht und eigentlich fürstlich eingerichtet. Zimmer mit purpurseiden Tapeten und reichen Goldleisten und getäfelter Boden. In seiner Stube liegt alles ziemlich untereinander, die Bettine führt die Haushaltung selbst, hat alles Schwere z. B. gutes Kochen leicht erlernt, hat aber keine Lust an diesem Wesen (. . .) Beiden wäre zu wünschen, daß sie aus dieser Lebensart herauskämen, obgleich Arnim an seinen Pflanzungen im Garten Freude hat, so würde ihm die eigentliche Landwirtschaft doch schwer fallen, wenn er sie übernehmen sollte.« Und er fügt, immer praktisch denkend, hinzu: »Das ganze

Ländchen, das aus drei Gärten besteht, die ihm und seinem Bruder gehören, trägt an Pacht 8000 Tl. ein, die aber für, glaube ich, 150000 Tlr. Schulden die Zinsen ausmachen, so daß ihm sehr wenig übrig bleibt.«

Als Grimm die Arnims besucht, sind sie kaum zwei Jahre auf dem Lande, nicht um das einfache Leben zu genießen – »Romantiker, wie uns die Stadtleute jetzt zu nennen belieben« –, sondern »um zu sparen«, und was uns heute rückschauend wie Idylle anmuten könnte, besichtigen wir Park und restauriertes Schlößchen, täuscht. Bettine, »geplagt durch Langeweile«, von der Hausarbeit unbefriedigt, hat noch im selben Jahr wieder mit den Kindern eine Wohnung in Berlin genommen und sich nur noch vorübergehend in Wiepersdorf aufgehalten: »Die Erinnerung guter Stunden füllen Dir die Einsamkeit, und drum bist Du glücklich dort, wo ich nicht bin.« Arnim bleibt, bleibt bis zu seinem Tode. Von Glück konnte wohl nicht die Rede sein.

»Oft dachte ich wohl, ob nicht am Rhein uns ein besseres Geschick blühen könnte, aber da hätten wir auch nur mit Luft und Erde gelebt wie die Günderode, während uns die Menschen kaum für einen lustigen Sommertag ausgehalten hätten.« Er, der mit ererbten Gütern ausgestattete märkische Gutsherr von altem Adel, ist zwar nicht auf demütigende Bittgänge angewiesen wie andere seiner schreibenden Zeitgenossen, etwa ein gewisser Herr von Kleist. Aber um die Familie ernähren zu können, muß er sich schließlich doch zu dem Landwirt fortbilden, der sich um Saat und Ernte kümmert, sein Bier braut, seinen Schnaps brennt, selbst wenn der verschuldete Grundbesitz – »als Güterbesitzer ein beständiger Zank mit Behörden aller Art« – nur so viel abwirft, daß die Familie in der Stadt ihr sparsames aber standesgemäßes Auskommen hat. Die vielen, ganz unliterarischen Briefe zwischen den Ehegatten über Küche und Keller, Haushaltung und Wirtschaftsgeld sprechen Bände, nur eingestreute Repliken und Verse sagen, wie Arnim dabei zumute ist, intonieren das eigentliche Motiv:

Nun weiß auch ich was Einsamkeit,
Nun sich der Himmel mir verschließt.
Und auch der Wolken träge Zeit
Im trägen Regen niederfließt.

»Ein größeres öffentliches Leben war mir unerreichlich«, schreibt Arnim, das Naturbild kommentierend, den Grimms, »ein kleineres Mitlaufen gestattete meine Lage nicht, so ist mir die Einsamkeit willkommen, und das mühsame Erreichen dessen, worauf doch endlich das Ganze mitberuht, verliert von seiner Verdrießlichkeit.«
Willkommen oder aufgezwungen – ist Einsamkeit das Schlüsselwort für Dasein und Dichten Achim von Arnims, so ist diese Einsamkeit kaum ein Begriff für Weltabgewandtheit und Menschenscheu, für Wirklichkeitsfremdheit und Eigenbrötelei, vielmehr der tapfere, nicht ohne Schmerz getroffene Verzicht auf ein Leben, das sich in tätigem Handeln wie in poetischem Schauen und Gestalten gleichermaßen erfüllt, an einem »Ganzen« mitzuwirken und teilzuhaben, da »das Vollendetste« erreicht wird, »wo eigene Lebensthätigkeit mit dem Gedanken zusammenfällt«. Das vollkommene Ganze, wenn Denken und Tun, wenn Geist und Macht, sich vereinen – natürlich ein unerfüllbarer Traum, Paradoxon, Romantik, Utopie – das Paradies.

Ließe ich mich einmal stören
In der Mühe der Geschäfte,
Möchtet ihr mich neu betören,
Heimatlose, wilde Kräfte (...)

Die seit dem Zusammenbruch des friederizianischen Preußens erweckte Zuversicht auf demokratische Reformen, auf ein Staatswesen, das nicht gehorsame Untertanen und brave Mitläufer, sondern mündige Bürger voraussetzt – »es muß die individuelle eingeborne Kraft jedes Einzelnen frei werden« –, solche Erwartungen sind in der Stickluft einer allgemeinen Restauration zunichte geworden. In Preußen hat sich nicht etwas vom »Geist der größten Volksbewegung unsrer Zeit der

französischen Revolution« durchgesetzt. (»Was soll geschehen im Glücke«), behauptet hat sich träge Reaktion.
Wie kaum ein anderer Schriftsteller der Berliner Romantik hat Arnim versucht, sich in das öffentlich, politische Geschehen einzumischen, hat wie kaum ein anderer sich darin verstrickt, glück- und erfolglos widerstrebende Kräfte zusammenzuführen, unvereinbare Gegensätze zu versöhnen: Revolution und Reformen, Konfessionen und Standesunterschiede, alten Adel und neues Bürgertum – »Das ganze Volk muß aus einem Zustande der Unterdrückung durch den Adel zum Adel erhoben werden«. Überliefertes, was ihm wert schien, erhalten zu bleiben, wollte er mit Modernem, das ihn anzog oder auch verstörte, ausgleichen und verbinden; feudalistische Traditionen des Mittelalters mit der aufkommenden kapitalistischen Produktion, Ständeordnung mit demokratischer Verfassung, Kunst und Wissenschaft, Denken und Handeln – zuviel für einen, und viel zu disparat, es auf einen philosophischen Nenner, in eine geschlossene literarische Form zu bringen oder gar in praktikable Politik umzusetzen. So daß er uns in seinem lauteren Streben, in der unablässigen Mühe, die er daran wendet, sympathisch nah, in Absichten und Ideen, es zu verwirklichen auch wieder fern steht: wie uns in seinen zahlreichen Schriften, Romanen und Novellen, Gedichten und Stücken (sie füllen nach seinem Tode dreiundzwanzig Bände), in seinen Briefen, Aufsätzen, Plänen und Abhandlungen (sie sind bis heute nicht gesammelt und oft nur schwer zugänglich) vieles bestürzend anzieht, anderes, in seiner arabesken Ausführung, sich nur mühsam erschließt. Glaubt man ihm als Person in einer Brief- oder Verszeile aus den Umständen und Bedingungen seiner Verhältnisse gleich zu verstehen, entzieht er sich uns oft in seinen weitverzweigten, vertrakten Texten, kann und will man ihm in manchen Vorstellungen und Urteilen, schon gar nicht in seinen Aversionen folgen.
»Wird Dich nicht der Staat und der Stand gefangen nehmen? werden Dich nicht die todten Finger Deiner Ahnen festhalten? wird Dir Deine Familie, der es wie aller Familie wohl im

ganzen gleichgültig ist, nicht so freundschaftlich die Hand drücken, daß Du Dich in den Sessel von jeher setzest, etwa so poetisch bist, als es geschmackvoll ist, so würkend, als man absehen kann, und so freundschaftlich, als es artig ist?« Diese bangen Fragen, die Clemens Brentano schon früh an Arnim richtet, sind noch heute nicht einfach und eindeutig zu beantworten.

Arnim, der als preußischer Patriot den Soldaten 1806 seine »Krieglieder« widmet – sie unterscheiden sich von den Flammenzeichentiraden eines Theodor Körner durch einen schlichteren, volksliedhaften Ton –, ist in jenem »Unglücksjahr« dem preußischen Hof auf seiner Flucht vor Napoleon unaufgefordert nach Königsberg nachgereist; dort aber gehört er zum Kreis der radikalen, liberalen Reformer um den Freiherrn von Stein, für den es an diesem Hof schon bald keinen Platz mehr gibt.

»Ich fühle es, daß der Staat mich jetzt nicht eigentlich brauchen kann«, gesteht Arnim und beschreibt Bettine seine unentschlossene Haltung mit den Worten: »Mich ergreift meine alte Trauer, die mich in Königsberg quälte, das Gefühl, vielleicht etwas Unrechtes aus Versehen ergriffen zu haben. Statt des Buches hätte ich das Schwerdt nehmen sollen, jetzt ist es doch eigentlich zu spät, die Gewonheit hat mich mit Millionen unsichtbarer Fäden so fest angezogen, daß ich mich nicht in völliger Freiheit je davon trennen könnte; mitten in der Schlacht würde ich bedauern, daß sie nicht vorbei, und daß ich sie nicht dargestellt lesen oder sehen könnte.« Und er empfiehlt – »wenn es gar zu wild hergeht« – das ländliche Wiepersdorf als stillen Zufluchtsort.

Immer eingezwängt zwischen falsche Alternativen, gründet Arnim 1811, um der restaurativen Regierungspolitik Widerspruch zu zeigen, die »Christlich-deutsche Tischgesellschaft«, »eine gemischte Gesellschaft aus vielen treflichen, aber einander wenig bekannten Menschen zur gemeinsamen Berathung über Gesetze, und zur gemeinsamen Lust. Das weiseste der Gesetze«, meint Arnim, »bestimmt, daß jeder lederne Philister ausgeschlossen«. Erfolg hat er mit dieser Unternehmung nicht, ihre Folgen rücken ihn nicht in das beste Licht. In der geselligen Runde zu Tafel und Disput finden sich neben Dichterfreunden, wie der Komponist Reichardt und Clemens Brentano, neben Heinrich von Kleist, Herausgeber der »Berliner Abendblätter«, für die Arnim schreibt, auch regierungstreue Beamte ein, neben bürgerlichen Liberalen wie Schleiermacher sitzen auch stockkonservative Adlige und altständisch-reaktionäre Leute mit zu Tisch, wie der Publizist Adam Müller; und der Affront gegen die napoleonische Herrschaft und politisches Philistertum gefällt sich in der Ablehnung alles Fremden und Undeutschen als bornierter Nationalismus.

Nimmer sollen Fremde herrschen
Über unsern deutschen Stamm ...

klingt es in Arnims Stiftungslied, und nach der Satzung der Gesellschaft – nun durchaus kein weises Gesetz – sind nicht nur Philister, sondern auch alle Franzosen, sind außer Frauen auch alle Juden ausgeschlossen. »Ich bemerke bey dieser Gelegenheit«, sagt Arnim in einer seiner Tischreden, »daß ein Gesetz, welches auch getaufte Juden von der Gesellschaft ausschließt, ausschließlich durch Stimmenmehrheit gegen meine Überzeugung durchgeführt worden ist ...« Gläubige Juden sind demnach von vornherein verpönt. Auch mit solchen Überzeugungen beginnt damals in Deutschland der Antisemitismus.

Arnims uns schwer begreifliche Judenfeindlichkeit mag in hilfloser Empörung über ihn bedrängende Gläubiger, schließlich im Ärger über einen Prozeß, der seinem Renommé schadete, private Motive haben. Daß er seinen Unmut gegen das um sich greifende Handelskapital, welches die alte Majoratsherrschaft bedrohte – das »teuflische Geschlecht der Geschäftsmänner« – aber mit ausdrücklichem Eifer auf »das Heer jüdischer Teufel« überträgt, »wodurch alles, was geschieht, zu persönlichen Begünstigungen und Anfeindungen wird«, und zur konfessionellen Polemik steigert, macht deutlich, daß die Gründe für solche Ressentiments in tieferen Schichten seiner

Persönlichkeit zu suchen sind und ihre Rechtfertigung aus einer weit zurückreichenden Zeit holen. »Dies ist der Deutschen Empörungsmut«, ruft Rahel Varnhagen, eine »unselige Kassandra«, nur wenige Jahre später aus, als die ersten öffentlichen Judenverfolgungen beginnen: »*Ich* kenne mein Land! Leider ... Die gleisnerische Neu-Liebe zur christlichen Religion (Gott verzeihe mir die Sünde!), zum Mittelalter, mit seiner Kunst, Dichtungen und Greueln hetzen das Volk zu dem *einzigen* Greuel, zu dem es sich noch, an alte Erlaubnisse erinnert, aufhetzen läßt! Judensturm. Die Insinuationen, die seit Jahren alle Zeitungen durchlaufen; die Professoren Fries und Rühs [Verfasser antisemitischer Traktate, G. W.] und wie sie heißen, Arnim, Brentano ... und noch höhere Personen mit Vorurteilen. Es ist nicht Religionshaß: sie lieben *ihre* nicht, wie wollten sie andere hassen ...« (1819)
Rahels Aufschrei trifft die Berliner Romantik an einem neuralgischen Punkt; und ihr Satz: »Ich bin *grenzenlos* traurig; und in einer Art, wie ich es noch gar nicht war«, erreicht uns heute, da uns Pogrome ganz anderen Ausmaßes vor Augen stehen, mit demselben »herzenserkaltenden Schreck«, ohne daß wir uns ein leichtes Urteil anmaßen. Der mit Millionen Fäden der Gewohnheit seinem System Verbundene, ihm bei allem Widerwillen und skeptischer Distanz doch Verfallene, der sich selbst nicht wiedergeliebt noch anerkannt sieht – auch Arnims Bücher finden kaum ein Echo und selbst bei Freunden harte Kritik –, münzt seine innere Enttäuschung in sichtbare Antipathie und Ablehnung auf den Ersatzgegner um. Nicht die eigene Kaste ist schuldig, verteufelt werden die Andersgläubigen, sie jetzt Opfer seiner Entrüstung.
Dabei zählt Arnim keineswegs zu den konservativen Frondeuren der preußischen Hierarchie. Eine Offiziersstelle in der gegen Napoleon aufgestellten Landwehr wird ihm verweigert. Neben anderen Zivilisten – wie dem Philosophen Fichte oder Arnims Schwager Friedrich Karl von Savigny, später preußischer Justizminister – tritt er dem Berliner Landsturm bei und erhebt beim König Einspruch gegen die Aufhebung dieses

Landsturms, weil er erkennt, daß die autokratische Regierung dieser vom Volk mitgetragenen Organisation mit der Sorge begegnet, »der Landsturm könne Revolutionen, wenn auch nicht hervorbringen, doch gefährlicher machen«. Und »Revolutionssorgen«, notiert er in einem unveröffentlichen Konzept seiner Eingabe, »haben schon viel Herrliches unterdrückt; nie ist eine Revolution unter einer weisen und frommen Regierung von Bedeutung gewesen«. Die Redaktion des Blattes »Preußischer Korrespondent« gibt er wegen der kleinlichen Zensur der Behörden zermürbt auf: »Aufsätze (...) werden so zerstrichen, daß am Ende eine Lüge übrig bleibt.« Er kehrt Berlin den Rücken.

»Vieles ist hart in der Welt eingerichtet«, schreibt er an Bettine aus Bärwalde, »dieses Leben mit der gesamten Natur hat inzwischen doch einen Ersatz für die Mühe, wie es kein königlicher Dienst aufzuweisen hat.«

Arnim spürt, daß mit den gescheiterten Hoffnungen auf eine Erneuerung der irdisch entfremdeten Welt auch eine literarische Gemeinschaft, in der er ohnehin allein stand, zusehends zerfällt. Kleist – »eine sehr eigenthümliche, ein wenig verdrehte Natur, wie das fast immer der Fall ist, wo sich Talent aus der preußischen Montur durcharbeitete« – endete schon 1811 durch eigene Hand. Brentano konvertiert 1817 in den Schoß der katholischen Kirche zurück, er scheint dem vernünftigen Protestanten die eigene Entscheidung zu erleichtern: »Wenn ich in einer großen Stadt bliebe, ich würde auch endlich nichts anderes anzufangen wissen, als ein Betbruder zu werden oder mir solche religiöse Spinnweberei und Spinnfeindschaft, wie sie den Clemens plagt, anzuschaffen ...« (1811). »Ich fühle in Berlin physisch und geistig meinen Untergang, ich bedarf körperlicher Tätigkeit, um mich auch geistig tätig zu erhalten ... Wie aber auch jeder Mensch nicht bloß innerlich etwas erstrebt, sondern auch äußerlich eine Bestätigung seines Daseins sucht, so fühle ich mein Wirken, wenn ich selbst wirtschaft, würdig, einflußreich und belohnend; es verknüpft sich mit der Welt meiner Gedanken, während ich mich in Berlin jeden Augenblick als überflüssig finde und fast als unbefreundet« (1821).

Der ersehnte Traum vom bestätigten Dasein: Arnim erfüllt ihn sich in seiner Dichtung.

Er hat während der fünfzehnjährigen Tagesarbeit auf dem Lande – nur wenige Reisen unterbrechen den Rhythmus der Jahresabläufe – ständig und rastlos geschrieben. Ja, es ist, als ob die Vereinsamung, die gewählte Isolation – man würde mit einem modernen Schlagwort von innerer Emigration sprechen –, die viele zum Verstummen bringt, ihn geradezu antreibt. Seine noch heute am meisten gelesenen Novellen wie »Der tolle Invalide auf dem Fort Ratonneau« (1818) und »Die Majoratsherren« (1820) entstehen neben vielen Erzählungen, denen er mit dem Titel der Sammlung »Landhausleben« (1826) – er setzt ihn über sein gesamtes Spätwerk – ihren realen und poetischen Ort zuweist.

Gieb Flügel mir und einen Hügel Sand,
Den Hügel Sand im lieben Vaterland,
Die Flügel schenk den abschiedsschweren Geist,
Daß er sich leicht der schönen Welt entreißt.

Vielleicht klingt uns aus seinen, nur wenig beachteten, Gedichten, die er bei günstiger Gelegenheit notiert, selten an die Öffentlichkeit gibt, selbst nie sichtet und sammelt und nur manchmal in die Prosa einstreut, am reinsten wider, was er aus dem Zwiespalt von empfundenem Verlust und beglückender Befreiung sagen kann?

... vergeistigt hat mich Wirklichkeit umfangen.

Arnim hat Unmengen von Versen gereimt – »einige tausend Blätter, fast alles schwer zu lesen!« stöhnt Varnhagen über dem Nachlaß, und vielen, die sich von Bild zu Bild, von Strophe zu Strophe reihen und verzweigen in einem weitläufigen *Dichtergarten*, fehlt es an weiser Beschränkung und Konzentration. Clemens Brentano hat es schon früh freundschaftlich kritisiert: »Du sprichst Dich nie aus, das ganze Leben um Dich

spricht Dich aus. Deine Verse ... sind aber keine unmittelbaren Gedichte, sondern Du Dich unaussprechender bist ihr Mittel, und so muß man Dich kennen, um sie zu lieben ...«
Arnims Lyrik ist noch kaum wirklich entdeckt. In ihr mischen sich seltsam spielerische Naivität mit grüblerischer Schwermut, tagesferne Geistigkeit mit plötzlich ausbrechender Sinnenfreude. Widersprechende Elemente auf engem Raum eines Verses, eines Wortbildes, *vorgenossen, nachempfunden – Sternenhauch* und *Lustklang*. Viele Stücke in »Des Knaben Wunderhorn« sind fast Eigenschöpfungen, und wo es ihm gelingt, den einfachen Ton des Volksliedes in seine Verse zu übertragen, ja mit ihm übereinzustimmen, findet er seinen eigenen Ton:

Die freie Nacht ist aufgegangen ...
Blumen atmen gern auf Erden ...
Nur was ich liebe, das ist mein ...
Was ich singe, weiß ich kaum ...

Wer wollte seinen Liebesgedichten Unmittelbarkeit absprechen, Gedichte, in denen er uns so entgegentritt, wie ihn Bettine als Mensch und Dichter sah und sehen wollte: »... daß Du nicht in Deiner trüben Kammer in Wiepersdorf sitzest ..., sondern daß Du auf herrlichen Bergen das unermeßliche Weltmeer überschauest, daß die Natur endlich wieder an Dich kann und die alte getrocknete Schlangenhaut vor Dir abstreift und Du wieder verjüngt unter Göttern wandelst ...«
Sein Gedicht – ein Lied, in dem die Worte einfach nebeneinander treten wie Dunkel und Licht, Tag und Nacht, Natur und Kunst.

Mir ist zu licht zum Schlafen ...

2

Im Walde, im Walde, da wird mir so licht,
Wenn es in aller Welt dunkel ...

Es hatte so zuversichtlich-heiter begonnen.
»Bester Bruder«, schrieb übermütig Clemens Brentano am

1. Juni 1806 an den Freund Achim von Arnim:

»An einem Pfingsttag es geschach,
Daß man die Wälde und Felde sach
Schön lustig stehen mit Laub und Gras
Und mannich Vogel lustig was

und ich in Heidelberg Kirschen aß! Kirschen, lieber Junge, Kirschen! welche Du in Göttingen, der Tebel hol mer, so artlich in die Schnautze stecken kuntest, daß ich Dir oft mit großer Liebe nach dem Maul sah. Warum bist Du nun nicht hier? Ich habe mit meiner Frau Pfingsten einen herrlichen Spaziergang gemacht. Um drei Uhr morgens über Ziegelhausen und Schönau durch ein überirdisch schönes Thal nach Neckarsteinach, wo in einem Halbkreis um den Fluß auf einem Bergrükken vier wunderschöne alte Ruinen lauren... Ich habe dort Etwas erlebt, was am Rhein nicht zu finden ist, Gesang und Unschuld. Auf einem der Schlösser saßen sechs Mädchen auf einem flachen Thurm, der weit über den Neckar und alle Berge hinsicht, und sangen im reinen Orchesterton eine Reihe schöner Lieder in das sonnige Land hinaus. Ich setzte mich zu ihnen und bat sie, sich nicht stören zu lassen. Sie machten keine Miene und sangen herrlich weiter; Lieder, die ich wollte, sagten sie mir ruhig her... In einem anderen Schlosse, hatte ich eine Szene, wie wir im Rüdesheimer, nur trauriger. Das Meckern einer Ziege führte mich in ein Gewölbe. In der Mitte stand ein Bette, eine rüstige alte Frau stand schnell auf und sprach wunderlich geschwind und leise, es war, als sei sie eine Hexe: ›Fünfzehn Jahre bin ich hier oben, mein Mann war ein Schuhflicker, aber ich hab nie seit der Zeit ein paar Schuh angehabt.‹ Ich fragte sie, ob sie keine Lieder wisse? sie sagte: ›ich habe acht Kinder gehabt, fünf todt geboren, zwei sind gestorben, und das ich noch habe ist ein Stumm‹. Ich fragte sie abermals, da sagte sie schnell:

Ich hab ein Hirsch geschossen,
Davon hab ich ein Hosen,
Und wann ich die zerreiß,
Schieß ich sie dutzendweis –

Wir ließen sie, und ich dachte Deiner, denn dicht neben dem Schloß steht einsam und allein in der ganzen Gegend eine ungeheure Kiefer. Dieser Dein herrlicher vaterländischer Baum wird Dir zu sehen viel Freude machen.«
Einer der schönsten Briefe deutscher Romantik, noch ganz aus der Hochstimmung heraus verfaßt, der die beiden Freunde über der Sammlung alter Volkslieder »Des Knaben Wunderhorn« in gemeinsamer Forscher- und Schaffenslust vereint sah – das Buch, das ihre Namen für immer unzertrennlich und unvergeßlich macht.
Aber noch im selben Jahr stirbt Brentanos Frau, die Dichterin Sophie Mereau, und der Preuße Arnim erlebt »den Untergang unsres Staats« unter den Schlägen der napoleonischen Armee wie das »traurige Schicksal von Troja«, von dem die Bettine in einer düsteren Vorahnung geträumt. Als sie im Juli desselben Jahres erfuhr, daß sich die Günderrode den Tod gegeben hatte, in Winkel am Rhein, wo sie einst zu dritt sich zuerst getroffen, schreibt sie an Arnim: »Es geht so hart durcheinander in der Welt, daß man auf ein freundliches Zusammenkommen gar nicht mehr rechnen darf.«
Es hatte so anders begonnen.
Brentano war Arnim zuerst an der Universität in Göttingen begegnet, und sicher war er es vor allem, der den noch Unentschiedenen dahin brachte, sich nicht dem zweck- und folgerichtigen naturwissenschaftlichen Denken zu verschreiben (Arnim hatte beachtliche Studien zur Physik publiziert), sondern »der Welt der Poesie«, um »das Leben mit einem erhöhten Sinne und mit einem erfüllten Sinne zu leben (Die große Arbeit, eine Lebensaussicht)«. Gemeinsam unternehmen die jungen Poeten 1802 ihre erste Rheinfahrt, sich Land und Leute, Sagen und Volksweisen der Landschaft vergegenwärtigend »in einem Rausch abwechselnder Freuden«: »da wir miteinander in den Thurm bei Rüdesheim gestiegen waren, da stelltest Du Dich an das einzige Fenster und sahst den Rhein ernsthaft hinauf. Ich aber stand im dunklen Thurm und spielte Guitarre . . .

Es setzten zwei Vertraute
Zum Rhein den Wanderstab.
Der braune trug die Laute,
Das Lied der blonde gab. –«
(Brentano)

Als sich Arnim in den nächsten Jahren auf eine Bildungsreise durch verschiedene europäische Länder begibt, spürt er, der leicht zu Wehmut neigt, die Irritationen, denen er sich, jetzt die Welt als Künstler betrachtend, aussetzt: mit der Entfernung von der märkischen Heimat nimmt das Gefühl der Fremde zu, die Sehnsucht nach dem Land, dessen Konventionen und Fesseln er doch bei einer Rückkehr zugleich fürchtet: »Man wird mich zu allerhand widrigen Geschäften bereden; ich bin zu starr, um mich zu fügen, zu biegsam, um jemand zu verletzen, und leider kenne ich mein Land, das mir in allem, wo ich gefällig hochfliegen könnte, die Flügel lähmt« (1803). Es sind Veranlagungen und Einsichten, wie man sie ähnlich aus Briefen Heinrich von Kleists kennt, der wie Arnim desillusioniert aus dem nachrevolutionären Paris zurückkommt. Arnim sagt: »Wenn man Hecksel schneidet, so wird alles Stroh gleich lang in der Lade, so hat es die Revolution mit den Franzosen gemacht.«

Zwischen Ideal und Realität immer entscheiden zu müssen, sich diesem zerreißenden Dualismus zu stellen, heimisch und fremd, traurig und froh, offen und in sich gekehrt, Arnim wird es zur zweiten Natur. »Die Einsamkeit hat mir einen großen Lebensplan angewiesen, den ich auf dem Frankfurter Marktschiffe schon ahndete«, entwirft er Brentano sein Glaubensbekenntnis: »Alles geschieht in der Welt der Poesie wegen, die Geschichte ist der allgemeine Ausdruck dafür, das Schicksal führt das große Schauspiel auf. Für den poetischen Genuß ist alles Sparen des Kaufmanns, für den Sonntag arbeitet der Handwerker, der Schüler für die Spielstunden; nur wenige, und das sind die Poeten, werden genug begünstigt, daß ihnen die Arbeit ein Spiel wird, und die müssen für die übrige Menschheit arbeiten, daß sie den Zweck ihres Lebens nicht verfehlen, daß sie nach der Arbeit einen poetischen Genuß finden. Wer sich daher Poet nennt, in diesem weitesten Sinne (...) ist ein wahrer Märtyrer und Eremit, er betet und kasteiet sich für andre, damit sie das Leben haben; er ist der demüthige Petrus, der die Himmelsschlüssel hat und an der Thür sitzt, aber selbst nicht eintritt (...)« (1802)

Die Poesie als der glückliche Zustand, in dem der Mensch zu sich selbst kommt, im weitesten Sinne Ziel jeder Arbeit: Arnim steht als Romantiker noch ganz im Banne bürgerlicher Aufklärung, freilich nach ihrem Sündenfall, der Revolution; denn die Gesellschaft zunehmender Arbeitsteilung, welche die Menschen nicht miteinander befreundet, sondern voneinander und sich selbst entfremdet, steht auf der Tagesordnung.

Die schöpferische Anstrengung, die Achim von Arnim mit Clemens Brentano, mit Joseph Görres (er gibt 1807 seine Schrift über »Die teutschen Volksbücher« heraus) in Heidelberg zusammenführt, erscheint uns, am Vorabend kapitalistischer Entfaltung und politischer Restauration, wie der phantastische Versuch einer Erneuerung durch Bewahrung des alten Bewährten, wie es Arnim in seiner idealistisch-überschwänglichen Sprache ausdrückt, »allen alles« wiederzugeben, »das allen gehört, was der Reichtum unsres ganzen Volkes, was seine innere lebende Kunst gebildet, das Gewebe langer Zeit und mächtiger Kräfte, den Glauben und das Wissen des Volkes, was sie begleitet in Lust und Tod: Lieder, Sagen, Kunden, Sprüche, Geschichte, Prophezeihungen und Melodien (...) das Grabmal der Vorzeit, das frohe Mahl der Gegenwart, der Zukunft ein Merkmal des Lebens. Wir wollen wenigstens die Grundstücke legen (...) da alle bereits eingefangen sind in einem großen Arbeitshause (...) Der Nährstand, der einzig lebende wollte thätige Hände, wollte Fabriken, wollte Menschen, die Fabrikate tragen (...)« (»Von Volksliedern«)

Solche Gedanken in seinem antizipatorischen, oft inkommensurablen Essay haben mit ihren Anfragen nach der Menschlichkeit unserer Zivilisation kaum von ihrer Brisanz einge-

büßt. Was als »Heidelberger Romantik« in die Literaturgeschichte eingegangen ist – die Arbeit dieser drei Autoren im Austausch mit Altertumswissenschaftlern und Philologen wie Friedrich Creuzer und den Brüdern Grimm, denen wir ja den Schatz unserer deutschen Sagen und Volksmärchen, den ersten Umriß einer deutschen Mythologie verdanken, – es dauert keine sechs Jahre. Als Arnim 1807 niedergeschlagen – »Wie ist so leer mein Sinnen« – mitten in einem »trügerischen Frieden« Preußen verläßt und wieder in Heidelberg die Herausgabe der Folgebände zu »Des Knaben Wunderhorn« vorantreibt, will er mit seinem poetischen Programm an die Öffentlichkeit; er gründet die »Zeitung für Einsiedler«.
»Wer zehn Exemplare nimmt, darf gegen Erlegung der Einrückungsgebühren Aufsätze einschicken, Gegenbemerkungen zahlen das Doppelte, aber diese zu vermeiden, machen wir im Voraus bekannt, daß wir auch grob sein können, wenn wir wollen.« Diese Passage in der Ankündigung der Zeitschrift wird von der aufmerksamen Zensur beanstandet: »ein neues vaterländisches Institut dürfe sich nicht als *grob* ankündigen.« Arnim ändert *grob* in *höflich*, aber auch diese Änderung wird abgelehnt. Daraufhin schlägt Arnim, ironisch – geradezu, für *grob sein können* strikt *ausstreichen können* vor – das gefällt der Zensur, und er erhält die Genehmigung.
Bettine, die an allen Unternehmungen Arnims Anteil nimmt, hat für die Gestalt des Einsiedlers eine Märchenfabel erfunden, die sie ihm schreibt:
»Es war einmal ein Mann, der wollte ein Einsiedel werden, da er in den Wald kam, freute er sich sehr seines Vorhabens und baut gleich eine Hütte von Bäumen, und der Wind blies durch Morgens und Abends, und wenn er seine Metten gesungen hatte und wollte einschlafen, so pfiff der Wind gar saubere Melodien ihm in die Ohren, das mogte er nicht vertragen. Da grub er sich ein Höle, dabei auch einen Brunnen, daß er gleich frisch Wasser haben konnte; da es aber Winter war, so war der Brunnen zugefroren, da es ihn durstete, wußte er kein Wasser zu finden, er paßte aber auf ein Stück Wild und ging ihm nach

zu sehen, wo es sauft. Das Wild wandelt durch den kahlen Wald, und frißt und nagt an den Rinden und Knospen, aber gedenkt nicht zu saufen ...«

Arnim hat die Geschichte, welche Bettine nicht ausführte, mit seiner Hand fortgesetzt:

»Als er aber diese Bosheit des wilden Gethieres sah, hat er es erschlagen und sein warmes Bluth getrunken und ging wieder zu seiner Höhle, da war der Brunnen aufgethaut, aber das Wasser wollte ihm nicht schmecken, denn er sahe sich darin, wie er so roth schien von Blut, und des Bluts konnte er nicht mehr bekommen, weil alles Gewild vor ihm entflohen, seit er das erste erschlagen. Da öffnete er seinen Mund, von dem Himmel kam eine große Regenwolke und hing sich auf ihn, und was trocken lag auf der Erde, das zerfloß auf ihr zu Thau und tränkte seine Zunge und machte seinen Leib rein vom Blute, (füllete aber zugleich seine Höhle und versandete seinen Brunnen). Da ging er der großen Regenwolke nach und kam in eine große Stadt, die war gerade so breit, als sie lang war und die Brunnen waren sehr tief unter der Erde und mit Stroh überflochten und liefen beständig, aber die Männer tranken da alle wenig, auch stand eine große Kirche dabey und die war leer und er stand drinnen als ein rechter Einsiedler und sang:

Kraut und Rüben
Die haben mich vertrieben.«

Man mag das blutige Traumgleichnis nehmen, wie man will: nicht zuletzt wegen solcher Somnambulismen in seiner Prosa wurde Arnim von den französischen Surrealisten als Vorläufer empfunden. Von seinem Einsiedler-Brunnen haben freilich nur wenige getrunken; die Zeitung, die Fragmente Hölderlins, frühe Balladen Uhlands, Gedichte von Justinus Kerner bekannt machte, erschien nur fünf Monate. Arnim faßte sie unter dem Titel »Tröst Einsamkeit« zu einem Buch. Die neue Wortbildung bringt die widerstrebenden Elemente seiner Poesie auf den Begriff, der in Versen wieder in die lyrische Landschaft zurückversetzt wird:

Im Walde, im Walde, da schrei ich mich aus,
Weil ich vor aller Welt schweige.

»Waldgeschrei« überschrieb er zuerst das Gedicht, später »Stolze Einsamkeit«.

»Er war wie jemand, der plötzlich die Gesellschaft verläßt, um in Waldeinsamkeit bloß mit den eigenen Gedanken zu verkehren«, schrieb Wilhelm Grimm nach Arnims Tod; und Arnim selbst hatte schon in einem Brief vom Juni 1827 gesagt, was ihn selbst bewegte: »Trösteinsamheit (...) ist freilich ein Wort, das ich erfunden habe, aber Tausende verstehen die Sache besser als ich, der statt ihrer das Wort nur finden konnte. Ich suche die Einsamkeit mit all ihrer Sehnsucht, aber selten finde ich in ihr, was mich trösten kann.«

Ahnte er, daß er für seine Existenz längst das poetische Gleichnis gefunden hatte, das seine Lyrik bestimmt, das seinen großen historischen Roman »Die Kronenwächter« (1817), der unvollendet bleibt, so grandios eröffnet: »Wieder ein Tag vorüber in der Einsamkeit der Dichtung!«

Was denn ist diese Einsamkeit?

In den Manuskripten, die nach Arnims Tod zum zweiten Teil des Romans bekannt werden, findet sich, von allen Sammlungen deutscher Poesie bisher übersehen, ein erstaunliches Gedicht, das den unentschiedenen Streit zwischen Anspruch und Erfüllung, zwischen Diesseits und Jenseits, Zeit und Ewigkeit beklemmend verfolgt:

Aus meiner Zelle treibt mich fort
Die leere Einsamkeit.

Was bin ich der Welt, was ist die Welt mir schuldig?

Es sind Verse – ihrer Epoche weit voraus –, die sich von Strophe zu Strophe in eine Selbstanalyse hineinsteigern, deren inständiges Suchen uns ergreift, anrührend und gültig über anderthalb Jahrhunderte hinweg:

Weh jedem, dem hier nichts geschieht,
Weil alles scheint gering,
Weh jedem, der hier gar nichts sieht,

Weil er das Licht verhing,
Der sich in die Beschauung senkt
Und nichts zu schauen hat
Und, was er findet, immer denkt,
Daß er des Denkens satt
(...)

Die Sehnsucht des Menschen nach seiner verlorenen Vollkommenheit spricht aus dem Gedicht, »die bewußtlose Herrlichkeit der Natur« (Brentano). Arnim sieht sie in Erscheinung eines künftigen Frühlings – er mag ihn in Wiepersdorf geschaut haben – in einem Garten mit einem Schneefall von Blüten. Das Gedicht schließt:

Des Herzens Stimme schallt zurück
Aus jeder Nachtigall,
Die in dem Garten sucht ihr Glück
In weißer Blüten Fall,
O dieser Schnee, er ist so heiß,
Und dieser Duft so süß,
Wer's Frevel nennt, ich sag es leis,
Dies ist das Paradies.

3

Die Arnimschen Gräber sind auch in diesem Frühling am Rande des Parks neben der kleinen Kapelle des Wiepersdorfer Schlosses zu finden. Günter Eich schrieb den Arnims in Versen das Epitaph:

(...)
Im Vogelruf gefangen,
im Kiefernwind vertauscht
der Schritt, den sie gegangen,
das Wort, dem sie gelauscht.

Dem Leben, wie sies litten,
aufs Grab der Blume Lohn:
Für Achim Margeriten
und für Bettina Mohn!
(...)

(1982)

Stimme gegen das Vergessen
Zum 20. Todestag von Johannes Bobrowski

Sprache
abgehetzt
mit dem müden Mund
auf dem endlosen Weg
zum Hause des Nachbarn

»Herrufen, hierher. Wo wir sind.«
Mit einem seiner widersetzlichen Imperativsätze beschloß er seinen letzten Roman, »Litauische Claviere«, die dringliche Aufforderung, nicht vergeßlich zu sein, durch den akzentuierenden Punkt vor der Orts- und Personalbestimmung noch hervorhebend, die Sprache beharrliches Stakkato, ihr Thema punktierend, wie es in Vers und Prosa sein Stil war; Individualität in jeder Periode und jedem Punktum, wie Hamann das nannte. »Hör, hier bin ich ... Hebt mir den Stein auf ... Wer des Weges kommt, / trete herein ... Wo Liebe nicht ist, / sprich das Wort nicht aus ...«, lauten Schlußverse, und ich kenne keine inständigeren Anrufe im zeitgenössischen deutschen Gedicht.
Johannes Bobrowski schrieb »Litauische Claviere«, inzwischen in die wichtigsten Weltsprachen übersetzt, in beiden deutschen Staaten beachtet, kritisiert, als experimentierende, visionäre Prosa gewürdigt, doch, wie vorauszusehen war, kein ›Erfolgstitel‹, in zwei Monaten des Frühsommers 65. Er starb am 2. September; an seinem Grab in Berlin-Friedrichshagen trafen sich, wann und wo geschah das sonst, Schriftsteller aus Ost und West; man nannte ihn ein Genie der Freundschaft (Hans Werner Richter) und seine Dichtung brüderlich (Stephan Hermlin). »Nun bleibt er fort, heißt es, unsere Küste / salzverkrustet und leer / verlor ihren Delphin. Niemand / weiß da einen Ausweg«, apostrophierte Sarah Kirsch im Namen der

Freunde, inzwischen zerstreut in alle vier Winde, die damalige Gegenwart ist Vergangenheit, Zukunftserwartung, wie immer, ausgeblieben, unbeantwortet die Frage, wie eine Welt für ein moralisches Wesen beschaffen sein muß, uneingelöst – wer spricht noch von Botschaft – seine allen Erfahrungen widersprechende Zuversicht: »Alles auf Hoffnung.«
Wo sind wir? Wen rufen wir her?
Der Mann und sein Werk erscheinen nicht geeignet, sich ein rundes Bild von ihnen zu machen, eingedenk seiner Bedenken, »es möchte nicht enden/gerecht«, und weil sich beide dagegen sperren, eingeordnet und vereinnahmt zu werden, weil sie zu keiner literarischen Richtung, keiner Mode passen, sich keinem Verdikt einer verbindlichen oder gar verfügten künstlerischen Methode unterstellen wollen. Deshalb weiß ich nicht, wenn ich heute, zwanzig Jahre nach seinem Tod, von ihm spreche, wer ihm wirklich zuhört, ihn liest und welche von seinen Versen. In dem Gedicht auf den ermordeten jüdischen Dichter Isaak Babel wendet er sich direkt an anwesende und künftige Adressaten:

Damals, weißt du
die Blutspur.

Leute, ihr redet: Vergessen –
Es kommen die jungen Menschen,
ihr Lachen wie Büsche Holunders.
Leute, es möcht der Holunder
sterben
an eurer Vergeßlichkeit.

(»Holunder«)

Bobrowski hat – summiert einer nur literarische Fakten – eine immense Arbeit auf sich genommen und, ›so gut es gelang‹, getan; hatte in kaum vierzehn Jahren mehr als zweihundert Gedichte geschrieben, hatte sie, jahrelang zurückgewiesen, von Zweifeln befallen, seit 1961, da war er bereits dreiundvierzig, in wohlerwogenen Bänden, Bruchstücke und Extrakt einer großen Konzeption, veröffentlichen können, Titel wie Wahr- und Warnzeichen gesetzt: »Sarmatische Zeit« – »Schattenland Ströme« – »Wetterzeichen«; er schrieb, »jetzt probiere ich Prosa«, die Romane »Levins Mühle« und »Litauische Claviere«, zwei Bände Erzählungen, neue Gedichte, sie alle entworfen und ausgeführt in der ihm zugestandenen Zeitspanne von nurmehr vier Jahren, aber ein ganzes Leben in sie hinein- und zusammenreißend: Kindheitsbeglückung und zerstörte Jugend, schwieriges Erwachsenwerden und zwiegespaltenes Altern, drohender Tod – Realitätsebenen, die sich als Daseins- und Zeitschichten in seinen Verszeilen drängen, sich überlagern, vereinen und wieder auseinanderstreben ins Imaginäre.

Antwort

Über dem Zaun
deine Rede:
Von den Bäumen fällt die Last,
der Schnee.

Auch im gestürzten Holunder
das Schwirrlied der Amseln, der Grille
Gräserstimme
kerbt Risse ins Mauerwerk, Schwalbenflug
steil
gegen den Regen, Sternbilder
gehn auf dem Himmel,
im Reif.

Die mich einscharren
unter die Wurzeln,
hören:
er redet,
zum Sand,

der ihm den Mund füllt – so wird
reden der Sand, und wird
schreien der Stein, und wird
fliegen das Wasser.

Ein solches Gedicht, man kennt den momentanen Anlaß dazu (Gedicht des Schweizer Lyrikers Walter Gross), als Antwort gedacht auf eine Nachricht von jenseits des Zauns, der Häuser, auch Staaten und Länder voneinander trennt, ist, Zeilen des Absenders aufnehmend, über die Veranlassung hinaus, auch ein Auflehnen gegen Vergeblich- und Vergänglichkeit. Die Naturbilder stehen in Korrespondenz mit einem größeren Text, der sein Geheimnis erst nach unserer intensiven Befragung offenbart.
Solche ungewohnten, aus fast vergessenen Traditionen, von Herder und Klopstock her kommenden, keiner Zeitströmung verhafteten freien Verse beflügelten eine nachfolgende Generation von Lyrikern in der DDR, ihre eigene Sprache zu finden; seine bei aller souveränen Kunstfertigkeit unmittelbare, mündliche Rede und Geste in ihr episches Recht einsetzende Erzählweise inspirierte andere Autoren; »Bobrowski wirkte in diesem Sinne als Befreier« (Stephan Hermlin); an Epigonen fehlte es nicht; die Lektüre seiner Geschichten, ihr hintergründiger, melancholischer Ernst, ihr scheinbar beabsichtigter, entwaffnender Humor eröffneten, wie er es wollte, einem größeren Publikum auch den Zugang zu einer weitreichenden und weiträumigen poetischen Landschaft, seine Gedichte hatten in der DDR die wohl höchsten Auflagen nach Brecht.
Was ist die seltsame Anziehungskraft dieses Dichters, der in seinen von ›provozierender Dunkelheit‹ gezeichneten Versen wie in seinen epischen Vorstellungen doch von nicht leicht zugänglichen historischen, philosophischen und moralischen Voraussetzungen ausgehend, den ehrgeizigen Versuch wagte, ein *Generalthema*, das er durchaus mit aktuellen Einsichten in gesellschaftliche Zusammenhänge begründete, eben nicht nur ›realistisch‹ zu gestalten, sondern in einer alles ergreifenden

Bewegung zur Sprache, in seine Sprache zu bringen; Rede, die sich, jenseits von Sprachskepsis und Verstummen, inmitten dieser babylonischen Verwirrung der Begriffe durch Theorien und Ideologien wieder des einfachen Wortes zu versichern suchte, sagte: »ich habe ein ungebrochenes Vertrauen zur Wirksamkeit des Gedichts«, was ja nicht besagen sollte, daß er damit etwas verändern könnte.

Wenn ich das Wirkliche nicht
wollte, dieses: ich sag
Strom und Wald,
ich hab in die Sinne aber
gebunden die Finsternis (...)

Bobrowski, in Tilsit, heute Sovetsk, geboren, kam aus einer Gegend, die man gemeinhin als verloren – nach totalem Krieg und beabsichtigter totaler Endlösung gerechterweise Verlust –, unverwunden, auch uneinsichtig, blind oder revanchistisch als ›Land der Vertriebenen‹ bezeichnet. In solcher Situation, als Zeuge und Dichter herausgefordert, der weder Vergangenheit vergessen noch aufgeben, Heimat weder beschönigen noch abschreiben konnte, wollte er sprechen. Nicht mit Belehrung, um etwas, wie es gängig hieß, zu ›bewältigen‹, oder mit weltanschaulicher Beredsamkeit, ›bildliche Argumentation‹, wie man das nannte, sondern selbsterworbene Wirklichkeit sagend und beschwörend, sinnlich zu fassen, um gegen Finsternis und Unsagbarkeit anzugehen; das Gedicht gegen Nichtwissen, Nichtwissenwollen, Nichtverstehen, Nichtglauben, Nichtmiteinanderreden, Sich-nicht-verständigen-Können:

(...)
ich hab
aufgehoben, dran ich vorüberging,
Schattenfabel von den Verschuldungen
und der Sühnung:
so als den Taten
trau ich – du führtest sie – trau ich

der Vergeßlichen Sprache,
sag ich hinab in die Winter
ungeflügelt, aus Röhricht
ihr Wort.

(»An Klopstock«)

Wort, mit dem er selbst – »redlicher Versuch« – gegen Anfechtungen und Anwürfe, Mißverständnisse, an denen es nicht fehlen sollte, doch wissen, verstehen, glauben, mitteilen wollte, um den anderen, sein Gegenüber, den Mitmenschen zu erreichen, um mit ihm in Kommunikation zu treten; Kommunikation, ein altes, altmodisches, noch immer gebrauchtes Wort, dessen Wurzeln wir noch in seinen weit voneinandergetriebenen Zweigen wiederfinden, heilig in der Handlung christlicher Kommunion, profan in Kommunismus. Bobrowski, der sich immer als Christ bekannte, sprach nach seiner Rückkehr aus sowjetischer Gefangenschaft von seiner »Entwicklung vom individualistischen Humanismus oder so ähnlich zum Kommunismus« (Brief von 1950). Er hat das eine so wenig im Sinne einer Partei verstanden, wie er sich andererseits dagegen verwahrte, er schreibe ›christliche Literatur‹. Aber lassen wir ihn, um das Schwierige, nicht auf Anhieb und nie ganz zu Deutende, Nichtzudefinierende in seiner Dichtung von ihren Motiven her zu erläutern, selbst ausführlich erklären, was er unaufgefordert, schon 1956, in einem Brief an einen Freund als Idee und Vision eines »Sarmtischen Divans« so umschrieb:
»Ich will nicht schlechthin schöne Gedichte machen (...) Ich will etwas tun mit meinen Versen, mühevoll und entsagungsvoll tun. Und daran setze ich meine Existenz. Ich will meine Gedichte schreiben mit meinem ganzen verworrenen Leben (...) Ich komme, wie Du weißt, aus einer Familie, in der Polnisches und Deutsches wunderlich gemischt ist. Ich wuchs auf in ständigem Umgang mit Litauern, Juden – einfachen Menschen und allerlei Landadel usw. Nachzutragen: daß ich den Weg meiner Sippe durch ein gutes Jahrtausend verfolgen kann. Ich kann also – ohne zu konstruieren – in meiner eige-

nen Existenz die Ostvölker (zumal die russischen Erlebnisse und eine frühe Beschäftigung mit dem untergegangenen Pruzzenvolk dazutraten) mit den Deutschen konfrontieren, – den Deutschen, denen ich nach Erziehung und Sprache zugehöre. Was soll ich tun? Ich will (...) in einem großangelegten (wenigstens dem Umfang nach) Gedichtbuch gegenüberstellen: Russen, Polen, Aisten samt Pruzzen, Kuren, Litauer, Juden – meinen Deutschen. Dazu muß alles herhalten: Landschaft, Lebensart, Vorstellungsweise, Lieder, Märchen, Sagen, Mythologisches, Geschichte, die großen Repräsentanten in Kunst und Dichtung und Historie. Es muß aber sichtbar werden am meisten: die Rolle, die mein Volk dort bei den Völkern gespielt hat. Und so wird die Auseinandersetzung mit der jüngsten Zeit für mich: der Krieg der Nazis, einen wesentlichen und sicher den gewichtigsten Teil ausmachen. So werde ich in den Gedichten stehen, uniformiert und durchaus kenntlich. Das will ich: eine große tragische Konstellation in der Geschichte auf meine Schultern nehmen, bescheiden und für mich, und das daran gestalten, was ich schaffe. Und das soll ein (unsichtbarer, vielleicht ganz nutzloser) Beitrag sein zur Tilgung einer unübersehbaren historischen Schuld meines Volkes, begangen eben an den Völkern des Ostens (...) Ich liebe die Landschaft, die Geschichte, die Menschen meiner Heimat. Und ich liebe die Deutschen. Aus solchem Grundgefühl soll das weite Land zwischen Weichsel und Wolga/Don sichtbar werden in Gedichten, aber eben von dort, von der ›Sarmatischen Ebene‹ her gesehen« – eine Konfession, die er, künftige absolutere Metaphern und Zeichen ankündigend, etwa zu gleicher Zeit in den Versen sagte:

So in der Nacht,
einfacher Landschaft Bild
in den Händen, Heimat,
dunkel am Rand,

ruf ich zu euch,
Gequälte. Kommt, Juden,
slavische Völker, kommt,
ihr anderen, kommt,

daß ich an eures Lebens
Stromland der Liebe vertane
Worte lernte, die Reiser,
die wir pflanzen den Kindern,
würden ein Garten.
Im Licht.

(»Die Daubas II«)

Sicher, nicht Selbstzeugnisse und Absichtserklärungen, die zitierten Zeilen in ihrer linearen Syntax beweisen es, entscheiden über erst sich im Vers realisierende Sprachgewalt, über die den Anlaß überschreitende Bedeutung eines Gedichts, über die Möglichkeit für den Leser, durch Faszination an- und einbezogen zu werden. Da gilt nur der Text; und da sind mir Bobrowskis zunächst unzugängliche Passagen, eine »Neigung zum Hermetismus«, lieber als Klarstellen:

Ebene
riesiger Schlaf,
riesig von Träumen, dein Himmel
weit, ein Glockentor
in der Wölbung die Lerchen,
hoch –

Ströme an deinen Hüften
hin, die feuchten
Schatten der Wälder, unzählig
das helle Gefild (. . .)

(»Die Sarmatische Ebene«)

Literaturwissenschaftler, voran sein Weimarer Biograph, haben aufschlußreiche Interpretationen gegeben (profunde Studien von Dagmar Deskau und Norbert Oellers), um Bobrowskis ›Dunkelheiten‹ aufzuhellen, zu erkennen und zu deuten, daß zwischen Dunkelheit und dichterischem Engagement »kein Widerspruch, sondern eine notwendige gegenseitige Beziehung« besteht. Leider dringen solche Ergebnisse kaum über einen begrenzten Kreis von Interessenten hinaus. Bobrowski ist ein weithin unentdeckter Dichter. Es scheint fast müßig, darauf zu verweisen, daß uns seine Bücher in der unablässigen Debatte um ein wirkliches Verständnis der Deutschen zu ihren Nachbarn im Osten Wesentlicheres zu sagen hätten als mancher auf zweifelhafte Rechtspositionen pochende Politiker. Versöhnung und Toleranz – Bobrowski hätte kaum etwas dagegen, beriefe man sich doch einmal auf sein Vorhaben, Ressentiments, die tödlich sein können, durch die Authentizität ›wahrer Geschichten‹ in Frage zu stellen; aber er wußte, »Literatur ist machtlos«.

Sein im Grunde von Herders aufklärerischem Geist bestimmtes Streben nach einer sich auf Vernunft gründenden Hoffnung zur Beförderung von Humanität steht in Praxis ja zugleich auch im Zeichen von Hamanns gegenaufklärerischer Skepsis gegenüber einer selbstgerecht auftrumpfenden Ratio.

»Vernunft ist für mich ein Ideal, dessen Dasein ich voraussetze, aber nicht beweisen kann durch das Gespenst der Erscheinung der Sprache und ihrer Wörter«, meinte Hamann. Kommt Bobrowski, der Hamanns labyrinthischen Stil des Cento adaptierte, indem er aus disparaten Quellen, Bibel, Philosophie und Mythologie, Wissenschaft und Poesie herangezogene Zitate integrierte – auch hierin liegt seine Dunkelheit –, im Gedicht nicht auch zu Ergebnissen, die eine pragmatische Vernunft ad absurdum führen? Im Streit um Glanz und Elend der Aufklärung könnte eine Analyse seiner Dichtung in dieser Hinsicht unerwartete Akzente setzen.

Ja, ich sprech in den Wind (...)

Wirst du mich hören? Der Regen
und hinter den letzten
Feuern der Schnee,
rauchig, ich seh den Vogel,
Reif auf der Schwinge,
über dem Eis
treibt er, ich sprech in den Wind –

In der Welt habt ihr Angst.

Bobrowskis Gedichte, realistische Einsicht und romantischer Protest, sprechen oft Empfindungen aus, die erst noch ins Bewußtsein zu rufen sind.
In einer Zeit, in der ein Gespräch über Bäume längst kein Verbrechen mehr ist, weil uns ihr Tod unsere Selbstvernichtung vor Augen rückt, gewinnen Gedichte, die einer verlorengegangenen und ständig verlorengehenden Landschaft mit ihrer elementaren Natur – Ebene, Strom, Himmel, Vogel, Baum – das Wort geben (und damit weisen sie weit über ein vorgestelltes Sarmatien hinaus), einen neuen Sinn. So endet das Gedicht »Wiedererweckung«:

(...) beleb
mit Worten
das Blut in den Bäumen und
Lungen, den Rost
schlag von Wänden
und Stufen,
an deinen Händen
bleibt er, dort mag er sich
nähren
mit deinen Nägeln.

Es ist nicht die Zeit, ihn zu fragen.
Es ist die Zeit für das Wasser
an Halmen, für die erneute
Fügung der Blätter, und Augen
öffne das Laub.

Man hat das Gedicht überzeugend als Ergebnis einer Polemik Bobrowskis gegen Paul Celans Vers: »Ein Wort – du weißt: eine Leiche ...« interpretiert (eine in privaten Briefen geführte groteske Polemik Bobrowskis in völliger Verkennung der Poesie Celans, die diesen tief getroffen haben muß, als sie durch die Indiskretion eines Dritten publiziert wurde). Man kann das Gedicht, einfach seinen Bildern von Zeile zu Zeile folgend, als eine Wiederbelebung zerstörter Natur schlechthin lesen.

Bobrowski lebte in Berlin, in einer geteilten Stadt, in einer gespaltenen Welt. Er wollte da sein und bleiben, wo er war. Er las in Westberlin in der Gruppe 47 (er schrieb dazu satirische Epigramme), er las im Schriftstellerverband der DDR (auch hier lassen Distichen an Ironie nichts zu wünschen übrig). Er hatte Freunde und Gegner, sein dichterisches Vermögen war unbestritten. Man schildert ihn als einen Pantagruel, geneigt zu sinnlichen Freuden, zu trüber Melancholie; wie es in seinem Zimmer aussah, habe ich zu beschreiben versucht.

Sie sehn, die dein Blut
forderten, sie sehen:
die Wunde eitert nicht aus (...)
(»Stadt«)

Ahnte er seinen bösen Tod voraus? Den Plan eines Sarmatischen Divans hat er nicht ausführen können; von einem Nachlassen seiner schöpferischen Produktivität keine Spur. Es gibt die gnadenlose Schilderung eines aus Liebe enttäuschten Freundes, der die maßlose Anstrengung seiner letzten Jahre als sinnlose Erschöpfung geißelt. Wie dem auch sei. Bobrowski fand seine wahre Identität vielleicht nur im Traum seiner Dichtung, in der Gestalt des Wanderers zum Beispiel, den er von sich sagen läßt:

(...)
Menschlich hab ich gelebt,
zu zählen vergessen die Tore,
die offenen. An die verschloßnen
hab ich gepocht.

Jedes Tor ist offen.
Der Rufer steht mit gebreiteten
Armen. So tritt er an den Tisch.
Rede: Die Wälder tönen,
den eratmenden Strom
durchfliegen die Fische, der Himmel
zittert von Feuern.

(1985)

Unterwegs nach Utopia
DDR-Lyrik Ende der siebziger Jahre

1
Wahrnehmen, was hinter den Horizonten verschwindet oder: Was ist das Eigentliche unseres Lebens?

»Das Gedicht bloß gewahrt/was hinter den Horizonten verschwindet« (Kunert). Gedichtbücher der letzten Jahre vor mir – Namen wie Erich Arendt, Volker Braun, Heinz Czechowski, Thomas Brasch, Adolf Endler, Karl Mickel, Sarah Kirsch, Rainer Kirsch, Günter Kunert –: wie erklärt man möglichst knapp und plausibel, welcher Art die Gedichte sind, die heutzutage hier geschrieben werden. Verse, die in Zeile oder Bild komprimieren, worüber man oft längere Aufsätze schreiben könnte. Und sollte nicht das Gedicht überhaupt für sich selbst sprechen, daß es des Kommentars, der Auslegung gar nicht bedarf? »Reizwörter, Sprachregelungen, Memoranden zwischen den Zeilen« (Braun) – Gedichte, die, trägt man sie andernorts vor, gerade wegen ihrer Fremdheit und Andersartigkeit aufhorchen lassen.

Daß ein Wandel stattgefunden hat, daß Gedichte derselben Autoren sich von denen diametral unterscheiden, die sie vor Jahren geschrieben haben, daran kann kein Zweifel bestehen. Und die Meinungen darüber gehen gehörig auseinander, ob das nun zu begrüßen oder zu bedauern sei. Prof. Hans Kaufmann schrieb in einem Aufsatz zur DDR-Literatur der Endsiebziger Jahre: »Verglichen mit den enthusiastischen Haltungen früherer Phasen, die jedoch ein gerüttelt Maß an Überschwenglichkeit und Simplifikation einschlossen, kann man von einer Preisgabe oder – je nachdem – einem Verlust von Illusionen gegenüber dem Gang und Fortschritt der Geschichte sprechen. Der hauptsächlichen Tendenz nach bringt die Preisgabe von Illusionen einen Gewinn an Sinn für die Reali-

tät mit sich, einen wahren Hunger nach dem Unbeschönigten, damit eine gesteigerte analytische Kraft.«
Solchen Meinungen widersprach Prof. Hans Koch, der bereits vor den Debatten des Schriftstellerkongresses vom Mai 78 bestimmte: »Wenn schon, dann bedeutet ›Preisgabe von Illusionen‹ nicht simpel ›Verabschiedung simplifizierter Vorstellungen vom Sozialismus und vom Klassenkampf‹, sondern Fortschritt von gesellschaftlichem Erkenntnisvermögen. Mit der Formel vom Drang ›nach dem Unbeschönigten‹, der ›analytische Kraft‹ steigert, wird nach meiner Ansicht vorbeigegangen an der schwierigen geistigen – auch künstlerisch-geistigen – Arbeit, tiefer in die Dialektik unserer heutigen und künftigen sozialistischen Entwicklung einzudringen.«
Wie auch immer, man kann den Zustand, in dem sich die Lyrik der DDR zur Zeit befindet, auf die allgemeine Formel bringen, daß sie überaus reizbar und gereizt immer differenzierter auf Komplikationen des gesellschaftlichen Lebens reagiert, diese Komplikationen akzentuiert, ja oft überhaupt erst zur Sprache bringt. Ein Gedicht von Volker Braun, das diese Situation allgemein und drastisch anspricht, programmatisch, weil man ganze Ketten von Assoziationen und Gedanken – »Memoranden zwischen den Zeilen« – wie an einer Schnur aus dem Text hervorziehen kann, hat die Überschrift »Das Eigentliche«:

Während wir selbstsicheren Affen
Uns auf den Bildschirmen feilhalten
Wissen wir kaum, was wir eigentlich wollen:
In unsern Redensarten, Freunde
Kann der Sinn nicht ganz liegen.

Während wir magere Daten speisen
Während wir Pläne basteln aus dünnem Papier
Während wir uns an die Linie halten
Wissen wir kaum, was wir eigentlich machen:
Was wir herbeizitieren
Wird uns nicht mehr gleichen.

Wir wissen es kaum, aber eigentlich
Geht es uns nur um das
Was wir umbringen mit vielem Getue
Was wir zuschütten mit grämlichem Eifer
Was wir vergessen in aller Eile
Was wir scheuen wie eine Freude.

Ich will das Gedicht nicht im einzelnen kommentieren, sondern zunächst nur einmal darauf aufmerksam machen, wie sein Autor, der durch ein herausforderndes »Wir« auch die Zuhörer mit einbezieht – ob sie es nun wollen oder nicht – seine Unzufriedenheit über einen gesellschaftlichen Status ausspricht, den er in die mageren, aber vielgebrauchten Wendungen der Tagessprache faßt: Daten und Pläne der Ökonomie, die Linie, das vorgegebene politische Programm im Staat, die Parteilinie – ein Eifer der materiellen Produktion, der doch nicht das Eigentliche, das Wesentliche menschlichen Lebens sein könne. Man gibt sich mit bestimmten – einst historisch notwendigen – Errungenschaften des realen Sozialismus nicht mehr zufrieden, sondern fragt nach dem tieferen Sinn und Zweck solchen Handelns und Tuns – was sie wohl vergessen haben in der Eile. In der Schlußzeile steht nicht zufällig das Wort Freude, seit Schillers Ode fast ein Generalsynonym für Brüderlichkeit und Menschlichkeit. Ich will in einer Fußnote wenigstens aufmerksam machen, daß Hans Magnus Enzensberger, noch auf dem Höhepunkt der linken Protestbewegung um das Jahr 68, ähnliche Bedenken in ähnlicher Diktion vorbrachte, als er ein Gedicht mit dem Titel »Eine schwache Erinnerung« schrieb:

Bei unsern Debatten, Genossen
kommt es mir manchmal so vor
als hätten wir etwas vergessen.
Es ist nicht der Feind.
Es ist nicht die Linie.
Es ist nicht das Ziel.
Es steht nicht im ›kurzen Lehrgang‹.

Wenn wir es gewußt hätten
gäbe es keinen Kampf.
Fragt mich nicht was es ist
Ich weiß nicht wie es heißt.
Ich weiß nur noch
daß es das Wichtigste ist
Was wir vergessen haben.

Kein Zweifel, daß auch in diesem Gedicht nach dem Eigentlichen gefahndet wird, das der Sprecher sich scheut zu benennen, um es nicht durch Bestimmung schon wieder entwertet zu sehn, weil es sich auf eine Definition, einen Terminus, eine Absicht oder eine Idee nicht bringen läßt.
Am ehesten umschreibt man es mit dem philosophischen Begriff »Prinzip Hoffnung«, wie ihn Bloch umkreist. Denn das Eigentliche ist die Vorstellung davon, was ganz zu uns gehört, was uns eigen ist zu unserer menschlichen Bestimmung, heute hier und von Anfang an; nicht als Eigentum im Sinne von materiellem Besitz, wie ihn Klassenstrukturen geprägt haben, sondern als ›das dem Menschen eigene‹, ihm als Subjekt wie als gesellschaftlichem Wesen – das Eigentliche, ihn und seine irdische Existenz Überdauernde, das Weiterwirkende. Brauns Gedicht enthält, indem es auf dieses Eigentliche hinweist als auf einen Mangel, in seiner Anfrage bereits die Dimension des Utopischen.

Die alte Frage nach dem Sinn des Daseins, wie sie sich für Autor und Leser gleichermaßen stellt, ich will sie zunächst mit ein paar Sätzen von GÜNTER KUNERT (Jahrgang 1929) beantworten, die er 1973 für Studenten in Austin/Texas schrieb; sie ersparen mir zugleich den historischen Exkurs, denn Kunert antwortet auf die stereotype Frage, was denn nun der Leser in der DDR von einem Gedicht erwarte:
»Er erwartet so etwas wie den ›Sinn des Lebens‹ zu erfahren. Er lebt in einem historisch-geographischen Raum, in welchem man spätestens seit Friedrich II. ›nach seiner Fasson selig wer-

den‹ konnte, vorausgesetzt, man zweifelte nicht gleichzeitig am Absolutismus. In Brandenburg-Preußen, auch in Sachsen, hat der Protestantismus, obwohl recht früh eingeführt, nie so recht reüssieren können, im Gegensatz zur Schweiz etwa oder zu den Niederlanden. Bei uns war er eher Herrschaftsformel. Man war nicht sehr glaubensstark. Und nach den Erschütterungen zweier Weltkriege, von denen letzterer der Gläubigkeit den Rest gegeben hat, und in einer nachfolgenden hundertprozentigen Säkularisierung der Gesellschaft in der einen Hälfte Deutschlands fand sich der Leser zwar von vielem ideologisch-religiösen Ballast befreit wieder, gleichzeitig aber fand er nichts mehr vor, woran er seine metaphysischen Bedürfnisse, die ihm verblieben waren, hätte heften können. In den schweren Jahren des Aufbaus, in der Zeit gesellschaftlicher Dynamik und Ruhelosigkeit, also in den Tagen unseres extrovertierten Daseins, machte sich diese Leerstelle nicht oder doch kaum bemerkbar. Erst mit der wachsenden wirtschaftlichen und gesellschaftlichen Konsolidierung wurde jener Ruhepunkt erreicht, auf dem man, einem atemlosen Läufer gleich, der angelangt ist, zu sich kommt, Zeit erhält für sich selber, Zeit für einen Blick in den Spiegel. Der Leser fragt sich, ob denn das Leben der Sinn des Lebens sei und ob das ausreichend wäre oder nicht ein bißchen zu wenig. Gott, Ewigkeit, Unsterblichkeit, alles nur Überbauprodukte, die nach historischen Erdbeben wie Putz von der Fassade gefallen sind? Sollte nicht ein höherer, tieferer Sinn hinter allem stekken? Ist die historische Wahrheit die einzige? (...) Es vollzieht sich die Vereinigung des Lesers nicht mit einem höheren Wesen, sondern mit sich selber; der Mensch – eine ungenaue, doch notwendige Bezeichnung –, der Mensch entdeckt sich wieder als ein und alles: als ein Absolutes. Das Gedichtlesen bewirkt etwas wie ein Zusichselberkommen als zu den Ursprüngen des eigentlichen Wesens. Im Gedicht erscheint – und darum zur Befreiung berufen – ein Windhauch aus Utopia (...) ein faktisches wie phantastisches Ziel, eines wenigstens, das die Lyrik dem zielbewußten Leser zeigen und mit dem er sich identifizieren kann. Dafür fordert Lyrik von ihm auch Mitarbeit: er möge sich bis zu einem gewissen Grade das Gedicht selbst erschließen.«

Die Stichworte aus Kunerts ästhetischem Monolog begegnen uns nicht zufällig wieder, wenn wir verschiedene Texte verschiedener Autoren aus verschiedenen Generationen lesen. Sie tauchen als weltanschauliche und poetische Schlüsselworte längst in tradierter deutscher Lyrik auf, eine Tradition, auf die sich die meisten DDR-Lyriker direkt oder verfremdet, pathetisch oder spielerisch beziehen.

Schon wenn Kunert von dem ›ein und alles‹ spricht als das sich der Mensch jetzt wieder entdeckt, dann erinnert er – und er sicher ganz unbeabsichtigt – an Hölderlins Symbolum, das dieser als Schrift an der Wand las: das griechische »Hen kai pan« – das »Eins und Alles«, die geheimnisvolle Formel für künftige »allgemeine Freiheit und Gleichheit«, das Eigentliche seiner Mission, das ihm Eigene, während es ihm doch an herkömmlichem Eigentum immer mangelte.

In Kunerts Gedicht »Lagebericht« ist der Vers skeptische Meditation, deren Bilder auf eine vertraute, ganz gegenwärtige Situation bezogen werden, in der sich ihr Sprecher befindet; Situation, die auch Raum läßt für entsprechende Weiterungen, Folgerungen, Schlüsse, die der Autor dem Leser nahelegt, die er ihm aber auch überlassen möchte:

Lagebericht

Alles ist möglich und
gleichzeitig ist alles unmöglich.
Nur noch Natur
ist uns geblieben oder was
von ihr geblieben ist. Um uns
geruhsame Steine von seligen Vorläufern
deren Zukunft
bis zum Jenseits gereicht hat.

Unser ist der Tag
der keinem gehört. Wir sitzen
im schwarzen Licht
essen Gift trinken Säure
wir denken wir leben
und verschieben die Folgen
auf Morgen
wo wieder mehr möglich ist
und noch mehr unmöglich
wo wir alle so sind
wie alle sein werden:

fernerhin Stückwerk
trostlos unaufgehoben
endgültig unnütz
der Rest
der verschwiegen wird.

Kunert – ich gebe nur ein paar Anhaltspunkte für eine Entwicklung – betrachtete sich in früheren Versen gern als ein Irgendjemand, eine »Art lebendes Symptom«, und seine Gedichte mithin als symptomatisch für Zeitverläufe. Seit seinem Band »Offen gesagt« von 1972 pocht er – der sich einst auch aufklärerisch-didaktisch gab – stärker darauf, daß das Gedicht als »Entsprechung meines Selbst« gelten will, eines »Selbst, welches nachdrücklich zeit- und gesellschaftsgeprägt worden ist«.
Er, der aus der Schule der rationalen, gestischen Verse Bertolt Brechts kam – Verse, unregelmäßig rhythmisiert, in ihre Gestik Umgangston und Alltäglichkeit aufnehmend und stilisierend, meist reimlos oder den tradierten Reim und die konventionelle Reimstrophe sachlich verfremdend oder parodierend – Kunert sah in der sozialistischen Gesellschaft eine Möglichkeit, den Faschismus, der ihn und seinesgleichen verfolgte, von der Wurzel her, das hieß als ökonomisches System zu bekämpfen.

Nüchternheit und Skepsis gegenüber einer rauschhaften oder gar gläubig-sentimentalen Sprache behielt er bei, als er sich mit den Widersprüchen im Sozialismus selbst auseinanderzusetzen begann, was ihm nichts anderes hieß, als auch jetzt Unglauben zu stiften, wo er bewußtlose, irrationale und berechnete Ideologie am Werke sah. Kunert betont, daß das »Spannungsverhältnis von Ideal und Wirklichkeit« ein Grundelement für seine Intentionen als Schriftsteller sei – das Eigentliche seiner Existenz. Denn der Schriftsteller ist nach ihm vor allem »existentiell und kritisch disponiert«, das Bewußtsein des Funktionärs hingegen fungiere oft nur »affirmativ und funktional« – ein Widerspruch zwischen zwei grundsätzlich verschiedenen Haltungen, der in krisenhaften Zeiten den sachlichen Dialog erschwert, oder wie Kunert es in seiner Stockholmer Rede 1978 formulierte: Beide zueinander sich extrem verhaltende Positionen schließen einander aus. Das einzig vermittelnde Element wäre die Toleranz. »Denn«, so heißt es an anderer Stelle dieser Rede, »durch die Ausschließlichkeit des einen Anspruchs und durch den administrativen Ausschluß des andern wird sehr leicht das geistige Gleichgewicht einer Gesellschaft gestört.«
Solche Besorgnisse werden zunehmend Motiv und Gegenstand von Kunerts Gedichten, weil der Autor – bei Strafe seiner Glaubwürdigkeit – geradezu gezwungen ist, auf Konflikte der Wirklichkeit nicht nur zu reagieren. In den Gedichten des Bandes »Unterwegs nach Utopia« (1978) wird dieses unlösbare Spannungsverhältnis zur Problematik des Gedichteschreibens schlechthin, wird in der lyrischen Selbstverständigung sozusagen mitstenographiert.

Bekenntnis

Im Zwischenreich meiner eignen Knochen
als hervorragender Bestandteil
einer wechselhaft verleugneten Historie
geht es mir gut.

Bei aller Liebe zur Sache
ist die Gegenliebe gering.

Das rührt daher
daß ich ein Fossil bin
Kundgabe fortgegangenen Lebens
ein Erinnerungsstück
vom Rauch verbrannter Welten dunkel
etwas wie Stein doch
unpassend zwischen allen echten

ein Ärgernis dem Fleiß
der seine Mauern mit uns
bauen will.

Kunerts Vers hält sich auch durch Re-Signation – also Gegenzeichnung – an die bestehende, nicht akzeptierbare Wirklichkeit, das Gedicht eine »Selbstdiagnose jenes heillosen Leidens/das manchmal zum Leben führt«, ein Hauch aus Utopia – es wird noch davon zu sprechen sein.

Ein anderer Lyriker seiner Generation, der 1930 in Düsseldorf geborene ADOLF ENDLER, hingegen spricht sich in vielstimmigen Rollengedichten von »ungehemmter Subjektivität« aus und benutzt die ganze Skala möglicher Stile von Heine bis Majakowski, von der braven Ballade bis zum feuilletonistischen, satirisch-aggressiven Gelegenheitsgedicht, um sich böse oder mild, grimmig oder verspielt mitzuteilen – eine vitale Biographie in Reimversen.
Endler, der zu Beginn der 50er Jahre aus der BRD in die DDR übersiedelte und zu den ersten Absolventen des Leipziger Literaturinstituts gehörte, hat die Lyrik der DDR vor allem als engagierter, streitbarer Interpret und Verteidiger in Aufsätzen und Reden inspiriert, hat lebhafte Debatten ausgelöst, zuletzt 1972 mit einer Polemik gegen die allzu konformistische Germanistik. Seine Gedichte standen, sicher zu Un-

recht, im Schatten solcher spektakulären öffentlichen Streitgespräche, seine analytische Begabung kam wiederum seinen Versen zugute, die er in dem Band »Das Sandkorn« (1974) publizierte.
Er befreit sich in diesen Gedichten mit Spott- und Hohngelächter vor allem von den pamphletierenden, rhetorischen Versen seiner Vergangenheit. Gedichte stehen unter Überschriften wie »Beiträge zur Naturkunde« oder »Ergänzungen zum Geschichtsunterricht« – weil er diesen Real-Wissenschaften nicht über den ideologischen Weg traut, weil sie ihm nicht das Eigentliche entdecken, und er bekennt sich zu einer Lyrik der »gebrochenen Gefühle« und Töne, schrill und polemisch auch gegen eine verbreitete Lyrik »für geschmackvolle Reiseprospekte«. »Lieder, nicht aus Stille gemacht«.
Das Titelgedicht (1967) selbst ist ein Paradestück des sich in seiner sprachgestischen Beschleunigung fast überschlagenden, langzeiligen Reimverses; Verse, denen Kunert mit Recht die Wucht der »großen literarischen Abrechnungen« zuschreibt, »wie sie seit Villon in der Dichtung ständig wiederkehren«.

Das Sandkorn

Hab einst (so hat der Knabe der Welt sich annonciert)
Auf blecherner Kindertrommel die Schlegel wild berührt;
Jetzt melde ich das Sandkorn, das auf dem Blech sich dreht,
Es summt, es sirrt, es kreiselt, von Böen draufgeweht,
Übt tolle Kreiseltänze auf blechernem Trommelfell,
Grashüpferzirpen, nenn es ein Grillengrasgebell.
Mit losem Rost begattet auf dreißigjährigem Blech
Im Wind dreht sich ein Sandkorn – Es quält mich, bis ich sprech:
Ich bin das Sandkorn, Bruder, zu dir auf Wanderschaft
Rund um den ganzen Erdball und nicht die kleinste Kraft!
Schon spürst du sie und kicherst, und deine Stirnhaut zuckt.
Schon hast du mich, das Sandkorn, du hast mich eingeschluckt.

Der spitze Schmerz am Gaumen! Schon wandr' ich auch durch dich.
Ich! ruf ich schrill und kitzle und kratz dich: Ich, Ich, Ich!
Ich bin das Sandkorn, Bruder, und wandre leberwärts,
Rühr Kehlkopf an und Lunge, streif listig dann dein Herz.
Erschrick!: Das ist das Sterben! Zum Herzen fährt die Hand:
Der Tod! Schwarz schreit dein Auge. Ich bin das Korn aus Sand.
Und alle deine Tage, verdorbne, falln dir ein:
Seit zwanzig, dreißig Jahren nichts als Verräterein!
Dein Kinn, o Imperator, Kleinbürger, fällt zur Brust.
Ich bin sadistisch, Bruder, und quäle dich mit Lust.
Oft wuschest du das Auto, oft auch den Rassehund,
Gefühl, Gedanke fleckig, Haushaltsauflösungsschund.
»Stets war ich sehr geachtet in meiner Redaktion!«
Du trumpfest auf, du kuschtest, stieg nur der Monatslohn,
So käuflich wie der andre, bei dem ich gestern war
(Nur wegen einer Wohnung stand der am Traualtar),
So herzlos wie die Kuppler, die Herrn vom Wohnungsamt
(Auch sie auf meiner Route und bald schon angstentflammt),
Wie jener Hauswirt Künzel, der dünkt sich allzu schlau
(Er weiß, was sie zum Gas trieb, die alte Lehrersfrau),
Ministerien, Magistrate, Theaterintendanz –
Ich find durch jede Türe, auch eiserne, ich kanns!,
Besuch die Biedermänner, dern Herz mit Stahl geschient,
Die hätten auch dem Hitler wie Barzelstrauß gedient.
Die Telefone horchen nach hier und dort hinaus
Und schnüffeln wie Jägerhunde gute Beziehungen aus.
Ihr Plan heißt heut wie gestern: »Das beste Stück für mich!«
Den Mächtigern zu Diensten, seis gut, seis jämmerlich.
O Geltungsgier, verfluchte, o Gier, die ich erschreck
Und niederstürzen lasse und heulen: »Ich bin Dreck!«
In keiner Kaderakte erfaßte Lumperei,
Hoch angesehne Bürger bei Staat und Polizei,

Jetzt keuchen sie und brüllen, ich sitz auf ihrer Stirn,
Das Sandkorn (siehe oben), mein Tanzplatz: Ihr Gehirn.
Verleumdung nicht noch Knüttel, kein Trick, der mich vertreibt,
Das hinter ihre Stirnen seltsame Zeichen schreibt,
Die dann die Lippe stammelnd sich vorzulesen müht,
Gesicht, das jäh Zinnoberrot, dann Zinkgelb überzieht:
Witz kritzelt glitzernd spritzend, Schmerz schlitzt dich auf, ein Blitz,
Gekicher, »O Erbarmen!«, ringsum vieltausendspitz –
Etage um Etage durchwandre ich den Staat;
Dich trifft es heut, wen morgen, mein leises Attentat?
Schon wirkt es: Karrieristen verliern die Sicherheit
(Das Sandkorn wandert, wandert). Es endet ihre Zeit,
Verhöhnt von stetem Flüstern: Zerdrücke mich, zerdrück!
Ja, ich zerfall! In dreißig, in hundert, in tausend Stück.
Ja, schüttle dich und trinke dreitausend Liter Bier.
Ich bin das Sandkorn, Bruder, du heute mein Revier,
Ja, spreize deine Hände – Gottlob, sein letztes Wort!
Auf blecherner Kindertrommel liegt Rost, ich feg ihn fort.
Mein Ohr umsummt ein Sandkorn, so müde wie der Wind,
Der Wind wird mild, das Sandkorn summt lieblich wie ein Kind
O wunderbare Flaute! Gabs je ein Sandkorn auf
Der alten Kindertrommel? Rast' es in wildem Lauf
Wie spitzer Dorn, wie eine Nähnadel drauf herum?
Ich sprech: Ich bin die Stille. Ich sprachs. Jetzt bin ich stumm.

Wird bei Endler mit Spaß, ja mit Wut eines ziemlichen Aufwandes an überkommenem und gegenwärtigem lyrischen Material gearbeitet – »Geniestücke der Reimkunst« –, lyrische Gestikulation, die vor der Selbstparodie nicht zurückschreckt, so reagieren die nach 1935 geborenen Lyriker – sie waren 1945 noch Kinder – meist nicht überschäumend oder ausschweifend, sondern zurückhaltend, hart auf der heißen Spur der

Realität, wenn sie Strukturen dieser Wirklichkeit in die kunstbewußte Struktur des Verses übertragen wollen. Ich nenne die mir wichtigsten: Volker Braun, Heinz Czechowski, Karl Mikkel, Sarah und Rainer Kirsch – die zu Beginn der 60er Jahre ihre eigene dichterische Sprache fanden, sicher nicht zufällig in Kommunikation, ja als Wortführer der damals und bis heute gerühmten »Lyrikwelle«, die mit öffentlichen Foren und einer zunehmenden Leser- und Zuhörerschaft mehr als nur von sich reden machte. Selbstverständlich war Wolf Biermann ein Exponent dieser Bewegung. Da bis heute eine solche Vielzahl origineller Talente – ich müßte noch die Namen von Elke Erb, Uwe Greßmann, Bernd Jentzsch, Wulf Kirsten, Reiner Kunze und Kito Lorenc nennen – nicht wieder in Erscheinung getreten ist, wäre eine spezielle Untersuchung über objektive und subjektive Bedingungen, unter denen Dichter heute Profil gewinnen, sicher aufschlußreich.

KARL MICKEL, geboren 1935, ist unter den genannten vielleicht der exzentrischste, schwierig, weil sich in seinen Gedichten die verschiedensten Traditionen von der klopstockschen Ode bis zum Sonett Dantes und Shakespeares, von der großangelegten und grotesk entworfenen Landschafts- und Kunstparabel bis zum kühl stilisierten Wortstenogramm treffen und überschneiden, ausbalanciert von einem denkenden Kopf, der die frappierende Intuition nicht scheut, sondern kalkuliert einbaut. »Strenge und Einfachheit« rühmt Rainer Kirsch diesen Gedichten nach und nennt Mickel einen »klassischen Dichter«, die Titelverleihung schlicht begründend: »Die wichtigen Neuerungen, die die deutsche Poesie, insbesondere für die Technik des Blankverses, das reimlose Sonett und die freie Ode Mickel verdankt, wird eine künftige Literaturwissenschaft herausfinden, die statt Raisonnement Analysen versucht.«
Mickel ließ auf erste »Lobverse und Beschimpfungen« (1963), die noch deutlich agitatorische Tendenzen zeigten, bereits 1966 den Band »vita nova mea – Mein neues Leben« folgen,

der im Mittelpunkt heftiger Auseinandersetzungen stand, wegen oder trotz der Rezeptionsschwierigkeiten, die sich schon daraus ergaben, daß Mickel Dantes Motto vom »neuen Leben« souverän für die Durchsetzung seiner lyrischen Subjektivität beanspruchte, die er in den Widersprüchen seiner Zeit fand. Er hat diese Praxis in dem Band »Eisenzeit« (1975) weitergeführt, oft verkleidet hinter mancher Satyr- und Biedermannsmaske, die ein lyrikverständiges Publikum voraussetzt. Hören wir als Beispiel eine seiner Schimpf-Oden, die das selbstbewußte Inszenesetzen ihres Autors demonstriert, der den drastischen Ton liebt. Das Gedicht zeigt seinen Sprecher im kleinsten Raum der neubezogenen, eben neu erbauten Wohnung vom volkseigenen Betrieb (VEB), zeigt den neuen Mieter Mickel auf dem neuen Klosett.

Ode nach Horaz II/13

Scheißkerl, der du mein scheiß Haus bautest
Verflucht bist du mit deinen Voreltern!
Den kleinsten Raum der Wohnung mir herrichten
Daß der mich hinrichtet! der Blitz
Soll dich beim Scheißen erschlagen, du Kackarsch!
Wer bestach dich und mit wie Viel
Mich, den Dichter, zu weglagern?

Auf mich stürzte die Scheißhausdecke
Wenn ich gesessen
Hätte! als sie herabbrach, von außen
Warf ich die Tür zu: zärtlich. Ätzende Nebel!
Donner! als wüte der Abgrund, in dem ich
Läge jetzt, kalkbeworfen, wenn lautarsch
Ich erschüttert hätte das Bauwerk rechtzeitig.

Der dich bezahlte, der wußte, daß ich
Schallend furze: aufs Heiligste, bei dem Beruf!
Ein Leiseschiß und ich bin gerettet!

Der Erfinder des Schiffs ist der Erfinder des Schiffbruchs
Damoklesdecken von VEB Volksbau
Niedrigste Kosten äußerster Nutzeffekt
Maurer meucheln Maurer, Klempner Klempner
Soldaten Soldaten, die Arschficker!

Wie soll die Nachwelt aus vollen Latrinen
Rekonstruieren die Hälfte der Menschheit
Wenn ich nicht dichte? Achgehtmirwegihr!

Die Ode ist nach dem Muster der horazischen Ode vom »Unglücksbaum« gebildet, der den Dichter Horaz zu erschlagen drohte, ihn, der sich in der Reihe der großen Poeten der Antike seit Alkaios und Sappho sieht: Der Baum steht für das drohende Schicksal des Todes und eines Lebens in der Unterwelt. Bei Mickel verwandelt sich dieser Schicksalsmythos zu den realen Gefahren, die durch effektive Bauweise nicht nur ihm durch Schaden an Leib und Seele trachten, doch ihm besonders, der doch für die Nachwelt Eigentliches bewahrt. Der Sache wäre ausführlicher nachzugehen. Fehlabläufe überträgt der Autor auch in die Struktur seiner logischen Mottek-Sonette, die fehlerhafte und menschenverachtende Prozesse in ihrer Absurdität durch ihre absurde Mechanik bloßstellen, in der sie sich vollziehen. Das Kunstgefüge folgt dem Wirklichkeitsmuster.

RAINER KIRSCH (geboren 1934) hat sich die Logik solcher Versstrukturen zunutze gemacht, klassische Klischees umzustrukturieren, nicht zuletzt geschult an den Methoden der russischen formalistischen Schule Schklowskis, der ja das Prinzip »Verfremdung« zuerst erprobte; »kanonisch geordnete Kunstmittel« so umzuordnen, daß sie ihre Funktion ändern. So gerät Rainer Kirsch – aus Anlaß der Ereignisse vom November 1976 – ein antithetisch gebautes Sonett wie folgendes, kunstvoll und direkt zugleich, politisch akzentuiert und doch nicht nur auf ein mißliches Ereignis beschränkt, nicht nur Mißbehagen artikulierend, sondern die grimmige Logik einmal in Gang gekommener Mechaniken konstatierend, die uns von unserer eigentlichen Bestimmung schmerzlich trennen.

Gedächtnis Mandelstams

Ja, manchmal muß man sich ins Messer werfen.
Zwar, die Geschichte feixt. Da waren welche
Statt etwas besserem nahmen sie die Kelche
Und statt am Leben den Verstand zu schärfen

Kippten sies pur. Nun wird sie niemand lesen.
Des Dichters Ton sei heiter – manche wollen
Anstatt zu merken, wie wo Köpfe rollen
Ihren hochhalten, da sind sie gewesen:

Der Toten Stummheit zeigt ihr Unverständnis
Und daß Stahl Fleisch hackt, wußten doch auch sie.
Was macht das Leben sicher? Ein Geständnis
Was ist, ist, weil es ist.
Was wollten die?

Reden. Statt sich zu freuen, daß sie lebten.
Da sieht man, wie die bloß in Lüften schwebten.

Rainer Kirschs Band »Auszog das Fürchten zu lernen«, 1978 bei Rowohlt erschienen, gibt eine Auswahl seiner besten Gedichte, die er selbst so definiert, daß sie »auf nicht anders sagbare Weise gesellschaftlich wichtige Erfahrungen« aussprechen, oder wie er es in einem Kleist-Aufsatz ausführt: »Zu einer neuen Gesellschaft gehört so, daß wir auch die extremen, widersprüchlichen und bestürzenden Dichter (. . .) hören lernen müssen; der Lohn sind nicht nur ästhetische Genüsse, sondern letztlich feinere Stufen des Urteilens, Liebens und Miteinander-Umgehens, die uns ein reicheres Leben erst ermöglichen« – uns ermöglichen, erst eigentlich zu existieren.

»Dem Waffenlosen/Bleibt was?« fragt Rainer Kirsch und antwortet sich und uns: die Vernunft.

Die Vernunft
Ist eine furchtbare Last
Nur die Vernünftigsten
Gehn mit ihr
Ein paar Schritte.

2
Schönaug Hoffnung sind deine Namen oder: Vom Aufenthalt auf Erden

Schönaug Hoffnung sind deine Namen
Schon wieder mein Meer weg das ferne
Erhabene Land setz doch den Fuß raus
Grenzpapiereachwas hier bin ich

»Hier bin ich«. Sieht man von ihren allerersten Versuchen ab, dann hat SARAH KIRSCH, geboren 1935, mit ihrem Gedichtband »Landaufenthalt« 1967 bereits ihre eigene Sprechweise gefunden, die nur schwer wirklich zu beschreiben ist. Franz Fühmann und Adolf Endler haben ihr eindrucksvolle Essays gewidmet. Peter Hacks sah sich von dieser lyrischen Sprechweise achtungsvoll herausgefordert und hat sie als »Sarah-sound« auch ein bißchen zu diffamieren versucht. Sagen wir vorsichtig, hier spricht jemand spielerisch, mit nüchterner Phantasie begabt und zugleich melancholisch untergründig in fast atemlosen Versperioden ohne Punkt und Komma von seinem »Aufenthalt auf Erden«:

Meine Knie sind die Staffelei ich bin am Boden
des Bootes tauche die Hand in die See und bestreiche
die Sitzbank vor mir mit blauer Farbe, das
ist mein Himmel (. . .)

Ich knot an Bäume mich lieg unter Steinen
streu Eis mir ins Hemd ich schneid
das Lid vom Auge da bleibe ich wach (...)

An Sarah Kirschs Versen bemerkenswert war sogleich die Umkehrung und Travestierung der konventionellen Metapher: Bild, dem man nicht mehr naiv vertraut, weil die poetisierenden Vergleiche, manchmal noch hervorgehoben durch ein demonstratives »wie« – man sieht den erhobenen dichterischen Zeigefinger – nicht mehr zutreffend erscheinen.
»Schöner See Wasseraug ich lieg dir am Rand ...«, sagt Sarah Kirsch und hebt damit die Beschreibung, wirkliche Situation nur um ein weniges überhöhend oder verfremdend, ja verzaubernd, über die epische Betrachtung und die übliche lyrische Staffage hinaus. Da ist der See ein Wasserauge – gespiegelt im Auge dieses Ichs, und ist nicht nur ein See wie dieser oder jener. Dieses Prinzip der poetischen Verwandlung, bei der es immer mit rechten Dingen zugeht und nicht mit irgendeinem geheimnisvollen Wesen, wird im zweiten Band der Sarah Kirsch (»Zaubersprüche« 1973) mit Gelassenheit und Ernst gehandhabt. Gedichte sind Protokolle, Geständnisse, Meditationen, weniger für eine Gelegenheit geschrieben als sich aus einer Gelegenheit heraus entfaltend. Alte Lied- und Beschwörungsformeln werden persiflierend und auch ironisch verwendet, um gegenwärtiges Verhalten betroffen oder distanzierend zu erklären: das naive Geständnis drückt die differenzierten Verhältnisse nicht mehr aus.
»Ich wollte meinen König töten / Und wieder frei sein«, beginnt ein Liebesgedicht, denn um Liebe möglich oder gar beständig zu haben, nimmt dieses lyrische Ich Zweifel und Verwirrungen in Kauf, begreift Emanzipation als moralische Anstrengung und stellt sich ihr offen in Rede und »Widerrede«. Adolf Endler sagt: »Mit einer Selbstbewußtheit, die zweifellos Züge der Emanzipation transportiert, wird Mitteilung gemacht von Vorgängen, die aller Emanzipation Hohn sprechen.«

ich träum ville träume
ich träumm du träummst
du wärst in einn traum
in meiner küche gewesen.
(...)
(»Aynn Wintrstück«)

Keiner hat mich verlassen
Keiner ein Haus mir gezeigt
Keiner einen Stein aufgehoben
Erschlagen wollte mich keiner
Alle reden mir zu

Sarah Kirsch hat die uns bekannte Wirklichkeit zu ihrer eigenen gemacht, indem sie sie verhext – aber der Zauber, die poetische Verwandlung ist keine Hexerei, kennt keine Tricks, kein mystisches Hineingeheimnissen, geschweige falsche Sentimentalität. Symbole werden uns so nahe gerückt, daß wir sie – die doch Utopie verheißen – schon glauben mit Händen greifen zu können wie die Hoffnung, den schönen Vogel, doch der zieht immer wieder davon, kommt zurück, entfernt sich wieder. Die Meropsvögel – man kennt sie in Südeuropa als Bienenfresser – sind nicht nur Vögel der Sage.

Der Meropsvogel

Der große
Sehr schöne Meropsvogel
Fliegt schon im Frühjahr kaum zeigt sich ein Blatt
Davon in den Süden wo Schatten
Höchst senkrecht fallen der Stein
Warm wie meine Augen-Blicke auf ihn

So hab ich gelernt: groß ist er stark schön wie
Ein Mensch und weiß man von ihm
Hört die Sehnsucht nicht auf. Er fliegt doch er sieht

Fliegend zurück, er entfernt sich, nähert sich trotzdem.
Über die Augen. Das Blut. Zum Herzen. O schöne Sage!
  Ein
Springen von Stein zu Stein; Hoffnung
Wo Raum und Zeit sich
Zwischen uns legen. Und kommt wieder? Er kommt.
Herangesehnt zurückgewünscht erwartet erwartet
So blickt er fliegend zurück, mich nicht an
Er naht er entfernt sich.

Sarah Kirschs Gedichte lassen sich nicht so nachweisbar in feste Traditionslinien stellen, wie man sie für die meisten Lyriker ihrer Generation verbindlich aufspüren kann. Der Vers steht der Prosa manchmal bedenklich nahe, wäre er nicht durch Irritationen, wie wir sie aus Gedichten der Droste-Hülshoff oder der Ingeborg Bachmann gewöhnt sind, in jene poetische Sphäre gehoben, hinter den Dingen weitere Dimensionen zu erschließen. Landschaft ist in diesen Gedichten nur augenscheinlich Natur-Idylle. Das Sichtbare wird gebrochen durch Unsichtbares, das sie als sich einmischende Beobachterin dazugibt, um so vom scheinbaren, ganz profanen Ablauf von Eindrücken und Ereignissen auf das aufmerkam zu machen, was man eigentlich zu sehen hätte, sähe man nicht nur mit Augen und Sinnen, sondern einem sensiblen Bewußtsein für lebensbedrohende Gefahren.

Was Sarah Kirsch scheinbar mühelos gelang, mit »unverstellter Stimme« zu sprechen, andere wie HEINZ CZECHOWSKI, ebenfalls Jahrgang 1935, hatten es schwerer, sich von vorbildlichen Mustern des sogenannten Weltanschauungsgedichts, wie man das zu Beginn der 60er Jahre nannte, freizuschreiben: im schöpferischen Widerspruch von objektivem Prozeß und subjektiver Erfahrung den Angelpunkt für das eigene Gedicht zu finden. Weltsicht nicht mit Hilfe lyrischer Staffage zu demonstrieren oder als Transparent auszustellen. Czechowski hat sich dieser Anstrengung unmittelbarer und redlicher unterzogen als mancher seiner Kollegen.

Versehen
Mit guten Ratschlägen
Geh ich im Kreis.

Keiner spricht
Wie ihm der Schnabel
Gewachsen ist
Kahler Nominalismus.

Ja,
Auch die Abfallberge
Die Autowracks
Der alte bärtige Mann,
Der vor sich hinspricht, die Uhr
Ohne Zeiger.

Die Welt ist verändert.
Aber das Leben
Läßt sich nicht korrigieren.

Diese »Notiz für U.B.«, einen Lyriker im epigonalen Fahrwasser Johannes R. Bechers, findet sich in dem Band »Schafe und Sterne« von 1974, sie benennt die Schreibschwierigkeiten, wahrhaftiger mitteldeutsche Landschaft zwischen Dresden und Halle, also alte Kulturlandschaft und moderne Industrie, immer wahrhaftiger in vorsichtig abwägende Verse zu fassen, die kaum durch große oder gewaltsam poetisierte Wortfügungen oder rhetorische Gestik auf Beifall oder Ablehnung hoffen, sondern, fast enthaltsam in Emotion und kritischem Reflex, auf den stetigen und fast unbemerkbaren, doch unaufhaltsamen Gang der Ereignisse und ihre Verursacher hinweisen: aufs Alltägliche, aufs Durchschnittliche als das Eigentliche. Auch Anspruchslosigkeit kann zur Haltung werden und damit das Gedicht Weltbefragung und Suche nach dem anderen Ich, ständige »Brotarbeiten«:

Brotarbeiten,
Von Zeit zu Zeit unterbrochen,
Um den Mund zu spülen,
Die Zähne zu reinigen
Von den Resten der Worte.

Vater unser, der du bist wo auch immer:
Unser tägliches Wort gib uns heute.

Czechowski hat bei dieser Arbeit am vorsichtig abwägenden Vers immer auf unvermittelte Sprache Wert gelegt und auch allzu forcierte poetische Technik – wie sie bei Mickel und Rainer Kirsch oft triumphiert – gemieden, selbst wenn er sich zurückhaltend seiner lyrischen Väter erinnert, denen er Porträt-Gedichte gewidmet hat, Ewald von Kleist und Hölderlin, in der Moderne Arendt und Günter Eich. Stellte er ihre Bedingungen zu schreiben, den seinen gegenüber, so zeitigt ein solcher Vergleich Ergebnisse, die nicht nur diese lyrischen Ichs beunruhigen. Er sagt unvermittelt, was ihn betrifft und schließt uns als Mitbetroffene ein:

Erziehungsberechtigt,
Und doch
Ständig bedroht von meinen Erziehern;

Mit gelockerter Zunge
Mündig geworden,
Und doch ständig angehalten, den Mund zu halten,

Geh ich
Noch immer im Kreis (...)

Die Zunge der Schlange ist
Geschickter als meine,
Die Haut des Chamäleons
Paßt sich vortrefflicher noch als die meine
Den jeweils herrschenden Umständen an.

Meine Vorzüge, ich gebe es zu,
Sind vergleichsweise gering: aber

Daß ich nicht kriechen kann
Und meine Farbe nicht wechseln
Je nach Belieben,
Ist auch eine Gnade, für die ich

Niemand zu danken habe,
Außer mir selbst.

(»Was mich betrifft«)

Die um ein Jahrzehnt jüngere Generation schlägt weit drastischere Töne an. So nahm THOMAS BRASCH, geboren 1945, Tatbestände aus dem Alltag der DDR auf, um sie, kraß in scharfen Szenen konturiert, in den Ablauf von Versen zu stellen, die er auch als szenische Bilder sieht, unkommentiert, unreflektiert, scheinbar metaphernlos vor uns hingestellt, etwa mit der Handbewegung: So ist es, nun werdet ihr damit fertig oder auch nicht.

Bei Braschs Gedichten ist es gut, sie auf dem Hintergrund einer überaus exponierten deutschen Biographie zu sehen, weil sich die Schärfe seiner affektgeladenen Bestandsaufnahmen, aus denen er sich als Sprecher gern heraushält, dadurch miterklärt. Thomas Brasch wurde als Sohn eines aus Deutschland verjagten kommunistischen, jüdischen Emigranten im englischen Yorkshire geboren. Sein Vater wurde nach 1945 in der DDR höherer Parteifunktionär, der Sohn kam auf die damalige Kadettenschule, die Offiziere für die Volksarmee schon vom Jugendalter an ausbildete (die Schule existiert längst nicht mehr). Er verließ die Anstalt abrupt, um – so lautet die Formel für derartige Ausbildungswechsel – sich »in der Produktion zu bewähren«.

Er beginnt danach ein Studium der Journalistik, wird wiederum exmatrikuliert, arbeitet in einer Schlosserlehre, beginnt ein neues Studium an der Filmhochschule, bis er 1968 wegen

seines öffentlichen Protests beim Einmarsch der Truppen des Warschauer Paktes in Prag zu Gefängnishaft verurteilt wird. Zur Bewährung vorzeitig entlassen, arbeitet er in einem Berliner Großbetrieb, ab 1972 freischaffend als Schriftsteller, ohne seine wesentlichen Arbeiten veröffentlicht zu sehen.
1977 erschien sein Erzählungsband mit dem Titel »Vor den Vätern sterben die Söhne« im Westberliner Rotbuch-Verlag. Er konnte nach Westberlin ausreisen. Bis zu diesem Zeitpunkt sind seine Arbeiten ausschließlich von den Konflikten in der sozialistischen Gesellschaft bestimmt, die er illusionslos, man kann auch sagen mitleidlos, ausstellt, aber kaum auf ein Publikum hin, dessen Ressentiments er kennt – ein Zug, der mir an manchen Texten Reiner Kunzes mißfällt. Hier zwei Stücke von Thomas Brasch, das erste, aus der Gedichtfolge »Der Papiertiger«, erschien zuerst, in der Reihe Poesiealbum, 1975 in der DDR, das zweite, aus der Folge unter dem Titel »Kassandra«, steht in dem Band »Kargo/32. Versuch auf einem untergehenden Schiff aus der Haut zu kommen«.

Da liegt sie zwischen den Büchern und schreit.
Ihre Hand krallt sich ins Tischtuch aus Seide.
Die Tür ist zugeschlagen hinter dem Mann, und
die Ehe ist aus. Jetzt ist sie allein
zwischen den antiquarischen Möbeln,
unter dem silbernen Leuchter,
neben den aufgestapelten Manuskripten zum Thema
»Klassenkampf und Soziologie«.
Jetzt stottert die Studentin der Filosofie
(zwei Jahre vor ihrer Doktorprüfung,
zwei Jahre nach ihrer Hochzeit)
wie Galilei auf der Folter:
»Was nutzen mir die Grundzüge der Dialektik,
wenn es kalt wird in meinem Körper.
Was hilft mir, daß ich weiß, was ich weiß,
wenn ich nicht weiß, was ich machen soll.«
Da liegt sie und haßt ihren Kopf,

aus dem die Tränen auf den teuren Teppich fallen,
in dem durcheinanderfallen
die Quellen und Bestandteile
der marxistischen Weltanschauung.
Aber die Tür öffnet sich, und
die Ehe ist nicht aus. Es beginnt ein Gespräch
über die objektive Notwendigkeit
der Auseinandersetzung.
(Hoch lebe die tote Studentin der Filosofie)

Brasch denkt sich zu diesem Gedicht, als Regieanmerkung am Rande notiert: »3. Etage – Lamento/Sprung in der Schallplatte/Panzerketten rasseln von fern«.

Kassandra 3

An die Stelle von Lenins Bild hängte er
1930 Stalins Bild. Stalins Bild
legte er 1933 in den Koffer und hängte es
über sein Bett in der Pariser Jugendherberge.
Als er aus der Emigration zurückkam,
hängte er neben Stalins Bild
das Bild Wilhelm Piecks.
1956 nahm er Stalins Bild von der Wand und
stellte es in den Keller hinter die Einweckgläser.
1960 wechselte er das Bild Wilhelm Piecks
mit dem Bild Walter Ulbrichts aus.
1971 nahm er das Bild Walter Ulbrichts von der Wand
und hängte das Bild seiner Frau an den Nagel.
1973 ging er in Rente. An die Stelle
des Bildes seiner Frau hängte er einen Spiegel
und sah hinein.
»Wer ist das«, schrie er,
»kann man denn nie allein sein.«

In Thomas Braschs Gedicht-Szenen, Gedicht-Dialogen, Gedicht-Monologen werden politische und soziale Situationen grell aufgeblendet, die sonst in der Lyrik der DDR kaum vorkamen. Technisch erinnern die Verse am ehesten an die Texte »Aus einem Lesebuch für die Städtebewohner«, die Brecht seit 1926 zuerst in der Sprechweise aufzeichnete, die er später gestisch nennt und deren Gesetze er in seinem Aufsatz »Über reimlose Lyrik mit unregelmäßigen Rhythmen« von 1938 begründete. Brasch festigt solche Strukturen durch hart konternde Motivreime, verwendet – nicht ohne kabarettistische Effekte – Pointen und Blacks; sicher lassen sich Beziehungen zur modernen Poplyrik, etwa zu dem Amerikaner Allen Ginsburg feststellen. Alte Liedelemente werden solchen Zwecken entsprechend umfunktioniert, etwa wenn Brasch das nicht unsentimentale, berühmte Kaspar-Hauser-Lied so auf die Spitze treibt, indem er Liedmotiv und gestisches Sprechen koppelt. Heißt es im Lied:

> Ich komm, weiß nit woher
> ich bin und weiß nit wer
> (...)
> ich fahr, weiß nit wohin
> mich wundert, daß ich noch fröhlich bin

so unterbricht Brasch die ungebrochenen Aussagen durch ein störrisches »aber«, versagt sich jede traurige Harmonie:

> Was ich habe, will ich nicht verlieren, aber
> die ich liebe, will ich nicht verlassen, aber
> die ich kenne, will ich nicht mehr sehen, aber
> wo ich lebe, da will ich nicht sterben, aber
> wo ich sterbe, da will ich nicht hin:
> Bleiben will ich, wo ich nie gewesen bin.

Dialektik, bei Brecht geübt, wird hier auf den Schluß gebracht wie ihn Brasch sieht, der keine allgemeine Erwartung oder Hoffnung an diesen oder jenen gesellschaftlichen Status knüpft; das Gedicht hat keinen ideologie-kritischen oder politisch-moralischen Impetus, der doch darauf besteht, Bestehendes zu verändern, äußert man sich nun provokativ oder resignativ.

Daß Brasch für andere Autoren seiner Generation mitspricht, zeigt eine Diskussion unter Schriftstellern, geboren zwischen 1945 und 1952, die in der Zeitschrift »Weimarer Beiträge« (Heft 7/79) dokumentiert wurde. Obwohl die Biographien dieser Autoren mit der gesellschaftlichen Entwicklung der DDR durchaus »konform« liefen, haben sie doch alle den »Bildwechsel«, wie ihn Brasch in seinem Kassandra-Ruf drastisch markiert, durchaus auch als ein Grunderlebnis erfahren. Nach Vorbildern befragt, lautet eine Antwort: »Bei dem Gedanken Vorbild gleich Leitbild habe ich immer ein unangenehmes Gefühl ... sagen wir Walter Ulbricht ... dann geschieht folgendes: Wie auch die Massenmedien Vorbilder produzieren, werden sie von den Massenmedien selbst wieder verschluckt ... beziehungsweise totgeschwiegen ... eine Begründung gibt es so gut wie nie ...«
Die Frage nach dem Vorbild wird von dieser Generation schon auf das Problem der Vermittlung solcher Bilder reduziert; dieser Mechanismus bestürzt, weniger sein Produkt – ein bemerkenswerter Vorgang, der in den Texten dieser Autoren seine Spuren hinterläßt, die sich nicht mehr in einer »begeisternden Situation des Aufbruchs« sehen, sondern zögernd gestehen, daß sie völlig verunsichert sind, »weder richtiges Heimischsein hier, noch das Vorhandensein von Alternativen anderswo« empfinden. Solche Aussagen werden sachlich getroffen, »mehr in der Position des Befragens, des Befragten und des Zweiflers und des Nachdenkens über andere Möglichkeiten«.
Einer von ihnen, BERND WAGNER, Jahrgang 1948, zweifelt nachdenklich daran, ob man »heute wirklich im Gedicht noch alles sagen kann«, ob es ihm möglich ist, ein Gedicht »gedanklich und weltanschaulich« zu füllen:

Das Ende der Gedichte – Fünf Sprüche

Das Ende der Gedichte ähnelt dem Ende der Tiere:
sie schließen die Augen nicht.

Es ist nicht so, daß die Gefühle ausgängen.
Nur: sie alle trogen schon einmal.

Die Katze, die ich trat:
ihr Leib war voll von Ratten oder Jungen.

Wo die Gedichte enden, beginnt die Welt.
Die Frage ist: wo enden die Gedichte?

Die Geburt der Gedichte ähnelt der Geburt der Tiere:
sie halten die Augen geschlossen.

Bernd Wagner, durch Prosabände und den Lyrikband »Zweite Erkenntnis« (1978) bekanntgeworden, verwahrt sich strikt gegen einen Messianismus, den er in der Lyrik der DDR in den 60er Jahren blühen sah. »Die DDR-Literatur als Medium für die ganze Welt oder so (...), als drücke sich in der DDR eigentlich alles und eigentlich das Beste und Widersprüchlichste aus (...) Das war bei uns nie da, diese Gebundenheit (...) Die Identität mit dem ablaufenden gesellschaftlichen Prozeß ist eigentlich während der 60er Jahre Grundgefühl für das Schreiben gewesen. Während man jetzt versucht, die Identität in engeren Bereichen zu binden, mit ganz konkreten Leuten über ganz konkrete soziale Probleme spricht, aber sich nicht an eine abstrakte Gesellschaft oder einen abstrakten Sozialismus wendet.«

Dieser

Dieser, nicht jener
geht nicht in Lumpen einher
schläft nicht in Laubhütten
schläft im Bett.

Dieser gründet keine neuen Geschlechter
bringt kein Licht ins Dunkel
stößt keine Tore auf.

Dieser (ohne Brennen in den Augen
ohne kugelsichere Weste
ohne Bart)

Dieser (nicht der Messias
nicht der Erlöser)

Dieser, nicht jener
kommt (farblos) und spricht:
Ja. Ja. Nein. Nein.

Es ist kein Zufall, daß »dieser« hier, und nicht nur in diesem Spruchgedicht, anonym bleibt. Ja, den Gedichten dieser Lyriker – wenn man die zahlreichen Debüts betrachtet – mangelt es gerade an der sozialen Konkretheit, die sie selbst bei der vorhergehenden Generation vermissen. Ihr theoretisches Selbstverständnis ist oft ihrer Praxis voraus. Die Schuld daran kann man nicht ihnen allein geben, vielmehr den komplizierten, kanalisierten Publikationspraktiken, denen sie sich gegenübersehen.

Den Widerspruch von poetischer und tatsächlicher Situation markiert BRIGITTE STRUZYK, Jahrgang 1946, in ihren ersten Gedichten – erstaunlich respektlose und nüchtern-sensible Gedichte einer jungen Frau, die weder mit sozialen Gegebenheiten noch mit ihrem persönlichen Glücksanspruch auf Leben und Liebe hinter dem Berge hält. So kommentiert in einem ihrer Gedichte jeweils eine sachliche Aufforderung das Zitat einer Hölderlinszeile, in einem fiktiven Dialog wird hohe Poesie von banaler Alltagsnähe gebrochen und somit auf den Boden der Tatsachen zurückgeholt:

Verschlossen

»Komm! ins Offene, Freund« –
aber mach fest die Tür zu
»Zwar glänzt ein Weniges heut« –
aber mach Licht mit der Kerze
»Nur herunter und eng« –
aber mach schneller beim Ausziehn
»Schließet der Himmel uns ein« –
aber auch ein Gelübde vorm Amt
»Weder die Berge sind, noch ...
aufgegangen« – die Tür? Schließ fester!

»Des Waldes Gipfel nach Wunsch« –
aber mach bitte kein Bild
»Und leer ruht vom Gesange die Luft« –
aber spiel noch mal die Platte
»Trüb ist's heut, es schlummern die Gäng« –
aber mach dir nichts draus
»Und die Gassen, und fast will mir es scheinen« –
aber sie kann gar nicht hier sein
»Es sei, als in der bleiernen Zeit« –
aber mach's doch nicht schlimmer
»Dennoch gelingt der Wunsch« –
aber bald fährt der Zug ab
»Rechtgläubige zweifeln an Einer Stunde nicht« –
aber mach was zu essen.

Lyriker wie Brigitte Struzyk und Bernd Wagner sind von jener schon historischen Aufbauphase nicht mehr beeindruckt, auch nicht belastet von der Bürde, »Träger einer großen gesellschaftlichen Bewegung« gewesen zu sein; unpathetisch stellen sie sich der gewöhnlichen Gegenwart, stellen sich dabei selbst auf die Probe und sprechen von Öffentlichkeit und Verantwortung nur in dem Maße, indem sie selbst von ihnen betroffen sind, pochen unaufdringlich auf ihre eigene Emanzipation, ohne sie auf Fahnen und Transparente zu schreiben – nicht ohne humorvolle Einsicht in notwendige und unnötige Zwänge, Erkenntnis, wie sie Brigitte Struzyk am Schluß ihres Gedichtes »Frauen« auf den Reim bringt:

Kauft man eine Nummer kleiner
die im Sommmer auch noch paßt,
und so einer, das war meiner,
jahrelang war er nur Gast.
Kennen ganz genau die Fehler
ihres Lebens, ihre Muster
und verlassen sie die Männer,
sagt der Dichter: viel bewußter
sind die Frauen hier und heute.

Ach, sie wären lieber Bräute.
Heute, hier und hier und heute.

Spricht man von »Gedichten an den Anschlagsäulen«, von lyrischen Proklamationen, also von der messianischen Lyrik in den 60er Jahren, fällt natürlich der Name VOLKER BRAUN. Aber gerade Brauns Gedichte – sieht man sie nicht nur aus der Faszination ihres Beginns – machen die Veränderungen deutlich, die seitdem vor sich gegangen sind, und mit einem Etikett wie »aktionistischer Romantismus« (Rainer Kirsch) kommt man ihnen längst nicht mehr bei. War es einmal Volker Braun, der sich mit seiner Person zu gesellschaftlichen Prozessen in Übereinstimmung aber auch in Widerspruch brachte, so ist er es heute, der alle Widersprüche politisch akzentuiert zur Sprache bringt. Verse von ihm waren immer umstritten, selbst wenn manche längst zum zitierten Inventar unserer Literatur gehören. Schon sein erster Band, »Provokation für mich« (1964), brachte Arbeitsszene und Umgangssprache salopp und rhetorisch zugleich in den Vers, freilich mit lauter Gebärde, lobend und lästernd, eine sich in Metaphern und Metren an Majakowski orientierende Dichtung, oft kategorisch und programmatisch:

Kommt uns nicht mit Fertigem! Wir brauchen Halbfabrikate
Hier herrscht das Experiment und keine steife Routine.

Braun proklamierte sozialistische Ideen und Manifeste, die er nicht, oder noch nicht verwirklicht sah, und er hielt an ihnen fest, je mehr sie ihm zu entschwinden schienen – auch eine Herausforderung an dogmatische Köpfe und pragmatische »Macher«, die für Worte wie »Experiment« lieber »Wachstum« gelten ließen, und dort, wo Braun schon »Routine« sah, noch immer von »Kontinuität« und »Stabilität« redeten. Die missionarische Weltbeglückungsgebärde dieser Verse ist freilich auch anderen Traditionen deutscher Lyrik verpflichtet. Liest man heute Brauns »Bericht der Erbauer der Stadt Hoywoy« – gemeint ist Stadt und Braunkohlenkombinat Hoyerswerda, und auf der Basis von Braunkohlenenergie errichtete die DDR ihre Wirtschaft –, so stößt man auf Worte wie »nördlicher Erdball« und »Ewigkeit«, die reimmotivisch die jambisch beschleunigten Hexameter vorantreiben. Erinnert man sich dann an Stephan Hermlins »Städteballaden« aus dem Exil:

Auf allen Straßen weiß ich dich, auf flandrischem Felde
Oder im rufeschwirrenden Schatten der Brunnen von Rom

– so weiß man, woran diese Braunschen Verse geübt sind; welches Pathos da nachklingt:

Im frühesten März verließen wir die Stadt für immer
Und wir standen im Schlamm und Sand im nördlichen Erdball verstreut.

Brauns Gedichte der folgenden Jahre ließen allerdings bald

solche dithyrambischen Aufschwünge vermissen. Der einfache Satz soll für komplizierte Entwicklungen einstehen, zugleich will ihr Sprecher, daß Impuls und Tätigkeit von ihm ausgehen; er spricht vom »antithetischen Gang« seiner Verse, die vor allem das Veränderungswürdige zeigen wollen. »Die permanente Feier der Schaumschlägertrupps« – der Hinweis zielt auf die verbreitete apologetische Lyrik – ist nicht seine Sache, denn nur, was wirklich verändert werden kann, ist – nach Brecht – des Ansehens und der Mühe wert. Braun definiert: »Die Widersprüche im Gegenstand müssen als Widersprüche im Abbild funktionieren ... In scheinbarer Übereinstimmung mit dem gegenständlichen Vorgang kann der Widerstand durch Ironie angemerkt werden.«

Während wir beinahe gekonnt
Um die Ecke biegen, erklären wir ruhig
Daß wir die Richtung beibehalten.
Bei allen schönen Schritten nach vorn
Behaupten wir standhaft unsre Position (...)

An die Stelle naiver Unmittelbarkeit rücken historische Vergleiche und ästhetische Erwägungen, die zeigen, daß Braun inzwischen seinen Klopstock, seinen Hölderlin auf seine Weise gelesen hat.

Sein dritter Band heißt »Gegen die symmetrische Welt« (1974), und es wird gefragt, ob die einmal exponierten Ideale Möglichkeiten bieten, sie mit Leben zu füllen. Die formelhafte oft didaktische, definitorische Dialektik Brechts – die ihre Gleichnisse aus den antagonistischen Klassenwidersprüchen bezog – wird überprüft, ob sie für die Welt von heute noch ausreiche. Die Frage wird oft verneint. So bietet die Brechtsche Parabel »Vom Besteigen hoher Berge« Gelegenheit, sie von ihrer theoretischen Voraussetzung her mit gegenwärtiger gesellschaftlicher Praxis zu konfrontieren.

Brecht gibt in seinem Buch »Me-ti«, dem »Buch der Wendungen«, gleichnishafte Verhaltenslehren, die er aus den revolutionären Bedingungen der Oktoberrevolution ableitet. In Mien-lehs Gleichnis vom Besteigen hoher Berge zitiert er einen authentischen Text Lenins, der die politischen Schwierigkeiten, in denen sich die junge Sowjetmacht unter den Bedingungen einer von kapitalistischen Staaten umringten sozialistischen Gesellschaft befindet, in ein Bild zu bringen sucht:

»Als die Pflugschmiede und armen Bauern mit Hilfe Mi-en-lehs die Macht erobert hatten, konnten sie nicht gleich alle ihre Pläne verwirklichen. Ihr Vormarsch schien zu erlahmen, und manchmal mußten sie sogar einige Schritte zurück. (...)

Mi-en-leh sagte:

Denken wir uns einen Menschen, der auf einen sehr hohen steilen uns bisher noch unerforschten Berg hinaufsteigen will. Nehmen wir an, daß es ihm gelungen ist, nach Überwindung von unerhörten Schwierigkeiten und Gefahren viel höher zu steigen als seine Vorgänger, daß er aber die Spitze noch nicht erreichte.

Er befand sich in einer Lage, wo sich nach vorwärts in der gewählten Richtung zu bewegen nicht nur schwer und gefährlich, sondern einfach unmöglich war. Er mußte umkehren. (...)

Das Heruntersteigen von dieser noch nie in der Welt erreichten Höhe (...) stellt aber mehr Gefahren und Schwierigkeiten dar als der Aufstieg: Man gleitet leichter aus beim Abstieg. (...) Beim Abstieg herrscht nicht mehr die gehobene Stimmung (...)

Man muß sich mit einem Strick anseilen, verliert manche Stunde dadurch, daß mit dem Pickel Stellen herausgehauen werden, um den Strick sicher befestigen zu können (...) und dabei immer nach unten steigen, weiter fort vom Ziel (...) Von unten hört man schadenfrohe Stimmen. Die einen geben ihrer Schadenfreude offen Ausdruck, in dem sie schreien: Gleich wird er herunterfallen, das geschieht ihm recht! Die anderen (...) klagen: Leider haben sich unsere Befürchtungen als berechtigt erwiesen. Haben wir nicht unser ganzes Leben auf die Ausarbeitung eines richtigen Planes für die Beseitigung dieses Berges verwandt (...)

Zum Glück kann der in den gegebenen Bedingungen unseres

Beispiels gedachte Tourist die Stimme dieser ›wahren Freunde‹ der Idee des Aufstiegs nicht hören, sonst wäre ihm übel geworden. Übelwerden aber sagt man, ist nicht günstig für die Frische des Kopfes und die Festigkeit der Füße, insbesondere auf hohen Höhen.«
Soweit Brechts Parabel. Volker Braun nun, beunruhigt von heutigen Zuständen, wie sie real existieren, nimmt die akklamative Metapher her und stört das schöne Bild von Auf- und Abstieg durch seine groben Fakten und Kommentare, er durchbricht die Metapher und zeigt ihre Brüchigkeit. Das Gleichnis wird entmythisiert:

Vom Besteigen hoher Berge
– nach Lenin

1
Jetzt sind wir höher als die Baumgrenze gekommen
Aber der Wald hat zugenommen.
Jetzt haben wir das Lager errichtet
Unter dem Gipfel: den keiner mehr sichtet.
Jetzt hängen wir am Seil ungelenk
Um nicht abzustürzen beim nächsten Schwenk.
Jetzt geht es nicht mehr vorwärts in dem ewigen Schnee
Formulare / Kies / Versprechungen / kalter Kaffee
Das reicht uns bis an den Schritt.
Jetzt schleppen wir jeden Tag den Berg mit.
Jetzt hat uns die Höhenkrankheit befallen
Und jeder sieht sich verfolgt von allen
Bis in die Betten und Bilanzen.
Jetzt kämpfen wir gegen Wanzen.
Jetzt übersteigen offenbar uns die Wege
Mit ihrem Geröll / Eckziffern / Privilege
Jetzt steigen wir über die Mitarbeiter
Erobernd einen Platz auf der Leiter.
Wo wollen wir eigentlich hin?
Ist das überhaupt der Berg, den wir beehren

Oder eine ägyptische Pyramide.
Warum sind wir so müde.
Müssen wir nicht längst umkehren
Und von unsern Posten herabfahren.
Und uns aus den Sicherungen schnüren
Denn dieser Weg wird nicht zum Ziel führen.
Tappen ins Ungewisse, aus dem wir aufgestiegen waren.
Die Reibung unser einziger Halt.
Tagelang arbeiten, um einen Zoll zurückzugehen
Verschwinden, um zu bestehn.
Aufstieg gleich Abstieg, heiß kalt.
Und den Gipfel in wieder erreichbarer Ferne zu sehen.

2

Und nun schrein die Arschlöcher, die nie einen Schritt wagen.
Was hat das zu sagen.

Braun hat aus der Konfrontation neue, treffendere Wendungen gewonnen, die sich wiederum der Überprüfung und Kritik anbieten. Sein eben erscheinendes viertes Lyrik-Buch hat den Titel »Training des aufrechten Gangs«. Und Kunst, sagt sein Autor, »Kunst beginnt erst wirklich«, wenn das Buch zugeschlagen ist. Wenn wir, sind wir nun Beteiligte, Abseitsstehende oder Zuschauer, uns auf den Weg zu machen haben. Und da ist es gut, zu fragen, immer wieder zu fragen: Wo wollen wir eigentlich hin?

(1978/80)

An einem kleinen Nachmittag
Brecht liest Bachmann

Von Natur bin ich ein schwer beherrschbarer Mensch. Autorität, die nicht durch meinen Respekt entsteht, verwerfe ich mit Ärger.
(Brecht, Tagebuch 1952)

Brecht ist ein sehr merkwürdiger Dichter (...) Eine radikale Intelligenz, ein Bleigewicht, eine Luftleichtigkeit, das sind Voraussetzungen, es wird Machbares gemacht.
(Bachmann, Entwuf eines Vorworts zu einer Anthologie mit Brecht-Gedichten 1969)

Es heißt, Ingeborg Bachmann wußte, Brecht, den sie verehrte, habe ihre Gedichte gelesen und an ihnen Veränderungen vorgenommen; es heißt, sie wußte, das Exemplar des Buches gab es in Berlin (DDR), und sie hatte öfter den Wunsch, es zu sehen; zugleich scheute sie diese Begegnung.
Das Buch findet sich bei Käthe Reichel. Es ist die Erstausgabe des Bandes »Die gestundete Zeit«, erschienen in der Reihe studio frankfurt in der Frankfurter Verlagsanstalt 1953, herausgegeben von Alfred Andersch. In diesem Band, der vor uns liegt, sind von 24 Gedichten 9 mit handschriftlichen Anmerkungen versehen: Gedichtzeilen mit Rotstift unterstrichen; Ziffern am Rand, die auf Zeilenumstellungen hindeuten; in einem Fall ist in eine Zeile hineingeschrieben. Wir geben die so gezeichneten Gedichte hier nach diesem Exemplar.
Käthe Reichel, von uns befragt, erinnert sich: »Es war so, daß mich der Brecht 1954 nach Frankfurt am Main schickte als Grusche im ›Kreidekreis‹, daß ich längere Zeit da lebte und

daß da eine Titelgeschichte im ›Spiegel‹ erschien über eine Schriftstellerin. Auf dem ›Spiegel‹ war auch ein Bild von der Bachmann, so daß ich mir das Heft kaufte und las.* Da waren Verse; einer hieß:

Sieben Jahre später
in einem Totenhaus
trinken die Henker von gestern
den goldenen Becher aus.

Da dachte ich mir, daß dieses Zurückgreifen auf ein Bild der deutschen Klassik, in Verbindung gebracht mit dem Faschismus und in ein Verhältnis zur Gegenwart gesetzt, den Brecht interessieren könnte. Da war auch die Quellenangabe, daß da ein Lyrikbändchen erschienen war, »Die gestundete Zeit«, und da hab ich mir das Bändchen gekauft und fuhr damit in den Ferien nach Buckow – im späten Sommer oder Herbst 54 – und zeigte das dem Brecht, und da hat er das mit mir zusammen gelesen am Tisch, und was ihm gefiel, hat er, wie man an dem Bändchen sieht, mit diesem Fliederrot unterstrichen. Er hat alles gelesen bis zu diesem letzten Teil (gemeint ist der »Monolog des Fürsten Myschkin zu der Ballettpantomime ›Der Idiot‹« für Werner Henze), wo man auch keine Striche mehr findet. Alles, was ihm gefällt, ist unterstrichen, und alles, was nicht unterstrichen ist, könnte nach Brecht – oder müßte nach Brecht – weg. So ist das ... Du siehst, es ist nicht allzuviel stehengeblieben von den Gedichten, eben von manchem Gedicht nur Zeilen am Anfang, dann eine am Schluß ...«

Von dem Gedicht »Früher Mittag« – es gilt uns als bedeutendes Zeugnis deutscher Lyrik jener Nachkriegsdezennien – gefielen Brecht nur zwei Strophen aus der Mitte. Sie zitieren Wilhelm Müllers bekanntes »Am Brunnen vor dem Tore«, das durch Schuberts Vertonung der »Winterreise« wie ein Volkslied empfunden wird, und sie schließen die sich kreuzweise reimenden Verse jeweils mit Variationen auf Goethes »Der

* »Der Spiegel« v. 18. 8. 1954

König in Thule« (»Die Augen täten ihm sinken . . .«) reimlos ab. Zeilen, die Käthe Reichel an dieses klassisch gewordene deutsche Kunstlied denken ließen: kühne Adaption, mit der sich die lyrische Stimme in der zweiten Person ausspricht, die tradierte Ballade jäh in einem aktuellen Sinne verkehrt und uns durch das Du dieser Anrede miteinbezieht: »Die Augen täten dir sinken . . .«

Daß diese zwei Reimstrophen nur als Kontrapunkt gesetzt waren in dem als Fuge komponierten, verschiedene thematische und literarische Motive zueinander- und gegeneinanderführenden, zumeist freirhythmisch gesprochenen Gedicht, kümmerte den beim ersten Lesen urteilenden Brecht scheints nicht.

Man kann es sich nur schwer versagen, nicht polemisch zu reagieren, wenn man mit ansehen muß, wie hier ein Dichter mit einer Dichterin verfährt. Aber die Literaturgeschichte bietet zahlreiche ominöse Beispiele dafür, wie schwierig es ist, daß ein Gestirn das Leuchten eines anderen wirklich wahrzunehmen vermag und es als Licht erkennt. Man lese Schillers Korrektur zu Hölderlins Gedicht »An die klugen Rathgeber«, und man weiß genug.*

Brecht sah sich nach seinem Selbstverständnis in der Rolle eines solchen Ratgebers, in der ihm angetragenen und längst respektierten Mission des Lehrers, der allein weiß, wie ein Gedicht zu sein hat. Da war der Rotstift gleich bei der Hand. »Je mehr er jemand schätzte«, entschuldigt Käthe Reichel, »um so strenger war er«, und erklärt dazu: »Nein, prinzipiell muß ich aber auch den Brecht verteidigen, denn im Umgang mit einer Qualität wie hier der Bachmann sagte Brecht immer: ›Von einem Satz mit fünf Worten kann man mindestens ein Wort streichen‹, und nach diesem Prinzip verfuhr er, der sich selbst ungeheuer um Kürze und um Nicht-Ausschweifen bemühte

---

* Hier sei der Hinweis auf D.E. Sattlers inspirierendes Buch »Friedrich Hölderlin – 144 fliegende Blätter«, Luchterhand Verlag, Darmstadt und Neuwied, 1981, gestattet.

und eine bestimmte Linie verfolgte in einer Sache, auch mit anderen Leuten.«

Sehen wir ihn also, wie er als Stückeschreiber, in der Funktion des Bearbeiters, der einen gegebenen Text nach seinen Vorstellungen einrichtet, und durch die Mühe, die er an ihn wendet, zu erkennen gibt, daß er ihn soweit akzeptiert, um seine eigene, gültige Fassung aus ihm herauszufiltern, die er dann »Versuch« nennt, bescheiden darauf verweisend: »Er hat Vorschläge gemacht . . .«

Wie sehen – die Kompetenz solchen Verfahrens zunächst nicht in Frage gestellt – diese Vorschläge aus?

Tilgt Brecht bei dem ersten Gedicht, welches das Motto anschlägt, nur die persönlich, bewegte Rede »Wohin wir uns wenden«, mit der Ingeborg Bachmann ihre lyrische Tonart bestimmt, so läßt er von dem großen Entwurf »Thema und Variation«, der ein Grundmotiv des gesamten Bandes vorgibt, nur die vierzeilige erste Strophe gelten und schließt, als Pointe gesetzt, mit einem Vers aus dem letzten Teil des Gedichts, das sich dann, nach Brecht, so liest:

In diesem Sommer blieb der Honig aus.
Die Königinnen zogen Schwärme fort,
der Erdbeerschlag war über Tag verdorrt,
die Beerensammler kehrten früh nach Haus.

Unten im Dorf standen die Eimer leer.

Die antithetisch sich entfaltende Dichtung der Bachmann mit ihren offenen und verschlüsselten Metaphern auf Natur- und Zeitereignisse, für persönliches und menschliches Schicksal*, verkürzt sich bei Brecht zum kausal gedachten Epigramm. Das weitgefaßte »Thema«, in seinen auf mehreren Ebenen

* Vgl. die Interpretation dieses Gedichts in dem Artikel zu Ingeborg Bachmann von Bernd Witte, in: »Kritisches Lexikon zur deutschsprachigen Gegenwartsliteratur«, edition text + kritik, München 1978 ff.

spielenden »Variationen« aus Bewegung und Gegenbewegung, Fragen und Antworten, die sich nicht auf ein erschöpfendes Resultat bringen lassen, wird auf den einfachen Mechanismus, den kleinsten Nenner reduziert. Von den ursprünglichen Intentionen der Autorin bleibt kaum etwas erhalten, weil herausgegriffene Strophen oder Verse, rigoros versetzt und rigide aufeinander bezogen, eine Konstellation und einen Sinn bekommen müssen, den sie zuvor nicht hatten. Das Gedicht wird auf die »Aussage« fixiert, auf den »Kausalnexus« eines Vorgangs (von dem Brecht in anderem Zusammenhang spricht), der nur eine Möglichkeit der Deutung, die dialektische Entsprechung vorbehalten, zuläßt. Es wird zum Brecht-Gedicht. »Ja«, sagt Käthe Reichel, »mit einem radikalen Sprung vergesellschaftet er jedes Gedicht von der Bachmann. Aber er hat das ja prinzipiell mit allen Leuten gemacht.«
Brechts Korrektur richtete sich vermutlich nicht nur gegen diese ihm zufällig vor Augen kommenden Gedichte. Seine Kritik traf eine Art Lyrik, die er weder weltanschaulich noch künstlerisch billigte. Rilke oder Hofmannsthal zählte er kaum zum bürgerlichen Erbe, von dem zu lernen war; und so bleibt, folgerichtig, von der solche Tradition aufnehmenden, sie mit dem Bewußtsein einer veränderten Wirklichkeit konfrontierenden, sie in »neuer Abschiedsgestalt« anrufenden Elegie »Große Landschaft bei Wien« – nach Brecht – nur der nackte Vierzeiler:

Maria am Gestade –
das Schiff ist leer, der Stein ist blind.
gerettet ist keiner, getroffen sind
viele.

Man wird bei dieser Lesart natürlich an Brechts eigene späte Lyrik erinnert, deren Muster auch an die Bearbeitungen dieser Gedichte angelegt werden. Seit den »Liebesliedern« von 1950 (Brecht verdankt sie auch Käthe Reichel) und den epigrammatischen Stücken der folgenden Jahre, seit den »Buckower Elegien« von 1953 ist ihre Struktur auf letzte Schlichtheit bedacht, auf einen wesentlichen lyrischen Moment konzentriert, einfach, unaufwendig; Ingeborg Bachmann schreibt: »Vorbildlich: Er hatte die großen Worte auch an der richtigen Stelle.«

Wie kommt es, daß uns, angesichts seiner drastischen Eingriffe in fremde dichterische Bereiche, beim Wiederlesen manche von Brechts späten Gedichten nicht nur lapidar, sondern auch ein wenig dürftig, nicht nur klug, sondern auch lehrhaft-trokken, nicht nur weise, sondern auch einäugig vorkommen?

Das Gedicht »Glückliche Begegnung« von 1952 beispielsweise – es greift die Tätigkeit des Beerenlesens als lyrisches Motiv auf wie Ingeborg Bachmann das Beerensammeln in »Thema und Variation« – es fällt uns nun vor allem durch seine stringent-didaktische Einteilung in Beobachten und Schlußfolgern auf, die mit dem Zeigefinger anweist, wie man Ereignisse dialektisch zu betrachten habe; demonstrative Szene, die weniger lebendig denn kurzgeschlossen wirkt:

Glückliche Begegnung

An den Junisonntagen im Junggehölz
Hören die Himbeersucher vom Dorfe
Lernende Frauen und Mädchen der Fachschule
Aus ihren Lehrbüchern laut Sätze lesen
Über Dialektik und Kinderpflege.

Von den Lehrbüchern aufblickend
Sehen die Schülerinnen die Dörfler
Von den Sträuchern die Beeren lesen.

Dagegen sind die Brecht-Fassungen der Bachmann-Gedichte poetisch.

Eigenartig, wenn auch durchschaubar ist es doch, daß der Lehrer, der oft doziert, warum der Lehrende vom Belehrten ständig zu lernen habe (»Höre beim Reden«), nicht aufmerksam wird, wo sein Vorbild Wirkung hatte; nicht spürt, daß seine Diktion Eindruck hinterließ. Ingeborg Bachmanns Gedicht

»Alle Tage«, das den heutigen Leser sofort an Brecht denken läßt* – nichts weist darauf hin, daß er es damals beachtet hätte. In manchen Fällen hat er sogar die dialektische Unruhe, die in den Gedichten der Bachmann auf eigene Weise waltet, zugunsten eines linearen Ablaufs mit voraussehbarem Ergebnis eingeebnet. »Er meinte wohl«, kommentiert Käthe Reichel Brechts Verhalten, »daß die Abschweifungen sich bei der Bachmann verselbständigen, daß sie vom Ziel fortgehen, auf das hin begonnen wurde. Deshalb diese Merkwürdigkeiten, daß er da vier Zeilen nimmt, dann streicht er im Gedicht, dann wählt er eine Zeile und hat damit eine soziale Zielrichtung. Er hat es ja bei ihr auf den bösartigen Satz gebracht: Jetzt quatscht sie wieder... Ich meine, er würde ihr einen Mangel an Zielstrebigkeit und Klarheit unterstellen wollen... Wenn Brecht ausschweift, dann gehört es zum Thema; das Allgemeine dient dann immer dem Spezifischen, dem Zwekke, zu dem er dieses Gedicht macht.«
Werden Gedichte mit einem bestimmten Ziel begonnen, das in einem entsprechenden Zweck seine Erfüllung sieht?
Das Gedicht »Holz und Späne«, in seiner erregten Diskontinuität berückend aktuell:

> Blätterverschleiß, Spruchbänder,
> schwarze Plakate... Bei Tag und bei Nacht
> bebt, unter diesen und jenen Sternen,
> die Maschine des Glaubens...

– es wird seiner inneren Widersprüchlichkeit beraubt, weil es im Sinne von Brechts poetischem Prinzip in jenen Jahren zurechtgestutzt wird: abschweifende Pfade begradigt, die sprachliche Geste der Auflehnung – »Seht zu, daß ihr wachbleibt!« – durch Auslassung beschwichtigt. Reiner Kunze hat einmal solche pädagogische Maßnahme in ein Bild gebracht, das einem dazu einfällt: »der hochwald erzieht seine Bäume/

---

* Hans Höllers Essay ›Geschichtsbewußtsein und moderne Lyrik‹ (in: Literatur und Kritik 115/1977) setzt sich von anderen Ausgangspunkten her mit der Lyrik Brechts und Ingeborg Bachmanns auseinander.

(...) Keiner sieht mehr als der andere,/dem wind sagen alle das gleiche/holz.«

Holz

Aus den Wäldern trugen wir Reisig und Stämme.
Berauscht vom Papier,
erkenn ich die Zweige nicht wieder.
Aber ins Holz,
solang es noch grün ist, und mit der Galle,
solang sie noch bitter ist, bin ich
zu schreiben gewillt.

Man kann sich diese Version eines Bachmann-Gedichts in der Reihe der späten, »umfunktionierten« Elegien Brechts vorstellen.
Daß Ingeborg Bachmann, nach Brechts gesellschaftlichem Standort, die »soziale Zielrichtung« fehlte, bedarf kaum der Erörterung; die Feststellung besagte nichts über ihr dichterisches Vermögen. »Daß Brecht unbezweifelbar für den Klassenkampf geschrieben hat«, konstatiert sie selbst (1969), »daß er anarchisch, dann klassenkämpferisch, dann im System verankert geschrieben hat, jeder weiß es, niemand hat dran zu rütteln.«
Brechts marxistisches Urteil, war es – zumindest in unserem Falle – von dieser noblen Toleranz? Aber wer sagt, daß er seine damalige Position nicht später wiederum in Frage gestellt hätte? Systemimmanent waren seine Ansichten nicht. Von der Dichtung seiner schreibenden Zeitgenossen kannte er allerdings, nach vorhandenen Zeugnissen und Aussagen, nur wenig, und vermutlich war sie ihm nur wenig »kennenswert«. Junge Talente – das waren seine Schüler; »kleine Brechts«, sagt Käthe Reichel, »auch Leute, die bei ihm schreibunfähig geworden sind. Denn er ließ dann ja auch nicht mehr mit sich handeln. Er hätte das der Bachmann so lange bewiesen, bis sie es akzeptiert hätte; und dann hätte sie, fürchte ich, nicht mehr

schreiben können. Das ist ja Leuten widerfahren; und man kann ja auch nichts dagegen sagen, daß der Brecht so großen Einfluß auf die Literatur genommen hat zu seiner Zeit.«

Wir geraten in Disput darüber, ob sich niemand gegen seine Persönlichkeit, gegen seine schon klassische Größe behaupten konnte oder behauptet hat. »Die sind weggegangen«, sagt Käthe Reichel; in diesem Zusammenhang fällt auch der Name Max Frisch.

»Beweis zu nichts« – dieses Gedicht von Ingeborg Bachmann hat Brecht, ohne Unterstreichungen oder Auslassungen, nur in zwei Worten und mit einem Satzzeichen verändert. Es ist das einzige der von ihm durchgesehenen Stücke, in das er hineingeschrieben hat. Vielleicht sagt diese winzige Verschiebung mehr über die Verschiedenheit beider Dichter als der grobe Verschnitt. Die letzte Zeile des Gedichts lautet bei der Bachmann:

Wein! Aber winke uns nicht.

Brecht macht daraus:

Weine, nur winke uns nicht.

»Ja«, sagt Käthe Reichel, »das ist ganz genau Brecht. Wenn ich das lese« – und sie wiederholt rezitierend beide Fassungen –, »dieses ›nur‹ ist natürlich schlimmer als das ›aber‹; der Schmerz ist tiefer bei Brecht, würde ich sagen.«

Auf den Einspruch, daß die Befehlsform bei der Bachmann doch eigentlich die Abschiedsgeste härter und unwiderruflicher hörbar macht und daß Brechts Änderung verbindlicher klingt, auch konventioneller, erwidert Käthe Reichel: »Der Schmerz ist ein Schmerz zwischen schmalen Lippen bei Brecht. Bei der Bachmann, würde ich sagen, ist es ein geöffneter Mund.« Und indem sie, wie auf eine vergangene Situation zurückblickend, sich die Verse noch einmal vergegenwärtigt, sagt sie: »Ja, dieses ›nur‹ – weil da der Atem beim Sprechen des Verses voll auf das ›nur‹ geht –, das ist die erhobene Hand; diese Abwehrstellung: Um Gotteswillen! Das ›nur‹ ist schmerzhafter und kälter – doch vielleicht nur, weil ich den Brecht kenne. Wenn ich das sehe: Da ist eine Frau, die spricht, aber nicht nur eine Frau – das ist ein geöffneter Mund bei der Bachmann. Bei Brecht, das ist ein geschlossener Mund, der nichts rausläßt, der im Verschweigen spricht, wenn das verständlich ist, was ich meine.« Und sie fügt, mehr verallgemeinernd, hinzu: »Die Person, die das Gedicht macht, hat eine große Distanz zu dem Gedicht, so eine Unantastbarkeit. Sie liefert sich nicht aus, nicht einer Empfindung. Der Brecht hat doch immer die Hitze, die in ihm war – als Mensch und als Dichter – durch Kälte erzeugt, so daß die Kälte die Hitze war. Und was er gar nicht ertragen konnte, war eben, wenn das Gefühl schweift, ausschweift ... Er war ja ein großer Lutheraner, wenn du willst, was seine große Strenge in der Sprache betrifft.«

Der Vers, gesprochen mit geöffnetem Mund. Der Vers zwischen geschlossenen Lippen.

Vers, der sich rückhaltlos aussetzt, fast wehrlos als Geständnis, als Botschaft, als Klage:

Sieh dich nicht um (...)
Es kommen härtere Tage.
(»Die gestundete Zeit«)

Der Krieg wird nicht mehr erklärt,
sondern fortgesetzt (...)
(»Alle Tage«)

Und was bezeugt schon ein Herz?
(...) was es schlägt,
ist schon sein Fall aus der Zeit.
(»Fall ab, Herz«)

Und Brechts Vers, der den Sprecher nicht preisgibt, der sich durch Vernunft zügelt, aus entsprechender Erkenntnis zurückhaltend, freundlich, als Überlegung in Spruch und Lied, als letztwillige Verfügung:

Warum sehe ich den Radwechsel
mit Ungeduld?
(»Der Radwechsel«)

Ihr, die ihr überlebtet in gestorbenen Städten
Habt doch nun endlich mit euch selbst Erbarmen!
(»An meine Landsleute«)

Dauerten wir unendlich
So wandelte sich alles
Da wir aber endlich sind
Bleibt vieles beim Alten.

Lassen sich Gedichte von Autoren so verschiedener Generationen, Erfahrungen und Weltanschauungen überhaupt mit Gewinn vergleichen? Gedichte eines Mannes in der Reife des Alterns – Gedichte einer Frau am Beginn ihrer ersten Leidenschaft am Wort? Das philosophische »Nichts«, das die Bachmann in ihrem Nachdenken über Heideggers Existentialismus umschreibt, so fremd ist es dem Marxisten Brecht wiederum nicht:

Geh ich zeitig in die Leere
Komm ich aus der Leere voll.
Wenn ich mit dem Nichts verkehre
Weiß ich wieder, was ich soll.

Wenn ich liebe, wenn ich fühle
Ist es eben auch Verschleiß
Aber dann, in der Kühle
Werd ich wieder heiß.

Brechts extrahierende, apodiktische Redaktion schärft unser Empfinden und Bewußtsein für das Parlando der frühen Poesie von Ingeborg Bachmann, für die Schönheiten und Übersteigerungen ihres metaphorischen Sprechens, ihrer Emotio-

nen, ihrer Sinnlichkeit, die sich in ihren »ausschweifenden« Versfolgen offenbart (die Kritik in den fünfziger Jahren hat ihr eher »Kühle«, »Nüchternheit« und »Gedankenschwere« bescheinigt). Daß hier eine Frau spricht, die man heute in der Traditionslinie Else Lasker-Schüler – Nelly Sachs – Ingeborg Bachmann – Sarah Kirsch sieht – der geöffnete Mund! – das steht auf einem anderen Blatt.*
Die Absage der Bachmann in ihren letzten Gedichten, Mitte der sechziger Jahre, ist auch eine Verabschiedung von ihrer vorherigen Lyrik: »Soll ich/eine Metapher ausstaffieren/mit einer Mandelblüte«? Diese Gedichte haben, mit anderer Konsequenz, die Einfachheit, Schlichtheit und Unwiderruflichkeit der späten Gedichte Brechts – »die großen Worte auch an der richtigen Stelle« –, ihnen ähnlich und unvergleichbar. »La grazia sola ist ein Begriff, den er nicht geliebt hätte, nur in dem Wortsinn, und es gibt doch nur den Wortsinn.« Anmut, Gnade allein.

Ich habe ein Einsehn gelernt
mit den Worten,
die da sind
(für die unterste Klasse)
Hunger
          Schande
                    Tränen
und
                              Finsternis (. . .)
                                   (»Keine Delikatessen«)

Brecht, in Buckow, versagt es sich, nach den schwarzen Beeren des Holders zu sehen, die ihn an seine ausschweifende Jugend erinnern – »Schwierige Zeiten«. Die geschlossenen Lippen verraten noch die Anstrengung, der es bedurfte, sich so

---

* Siehe Ria Endres: Zur Dichtung Ingeborg Bachmanns (in: Neue Rundschau 4/1981)

unantastbar zu machen im Vers. (»Brecht muß die Sentimentalität sehr gekannt haben, und was nur von ferne hätte ein Gefälle dahin haben können, verbannte er«, beobachtet Max Frisch). Da ist einer leicht geneigt, Worte zu meiden, die er für überflüssig hält, Leidenschaften zu fliehen, denen er sich nicht mehr ungezügelt überläßt, Zweifel, die ihn irritieren könnten (er hat längst geübt, sie als Impulse in Dienst zu nehmen), nicht mehr zu dulden – er, ein »von Natur schwer beherrschbarer Mensch«, der Autorität – fremde Größe – nur anerkennt, wenn sie seinen Respekt abgefordert hat, sonst verwirft er schnell und mit Ärger. Ein sich beunruhigt fragendes Abschiednehmen, beschwörende, wehe Geste wie Bachmanns »Abschied von England«, verkürzt er da resolut zum endgültigen, übersonnten sela!:

Mit Meerhauch und Eichenblatt
hieltest du die Gräser satt;
wenn dein Tag begann,
wagten sich Sonnen heran.

»Es kann übrigens sein«, sagt Käthe Reichel beim Weiterlesen, »wenn ein Gedicht wie ›Nachtflug‹ überhaupt keinen Strich hat, daß ihm das ganze Gedicht nichts gilt, was ich fürchte. Das Ganze hat Brecht an einem kleinen Nachmittag gemacht, und die Schnelligkeit könnte man ihm, einer so bedeutenden Lyrikerin wie der Bachmann gegenüber, zum strengen Vorwurf machen. Aber wenn man so geübt ist wie er in Sprache und Umgang mit Vers – so wie ich, sagen wir mal, im Kochen, weil ich schon so viel in meinem Leben gekocht habe, daß ich genau weiß, was da reinkommt, was da verändert oder zu- oder weggetan werden muß . . . ich denke mir, daß er das so an einen kleinen Nachmittag gemacht hat, wie andere Leute Zeitung lesen.
Die Bachmann hat ja noch lange gelebt nach Brecht, ich hatte nie den Mut, ihr das zu zeigen.«

(1981)

Faksimiles der von Brecht korrigierten Gedichte Ingeborg Bachmanns

Wohin wir uns wenden im Gewitter der Rosen,
ist die Nacht von Dornen erhellt, und der Donner
des Laubs, das so leise war in den Büschen,
folgt uns jetzt auf dem Fuß.

Abschied von England

Ich habe deinen Boden kaum betreten,
schweigsames Land, kaum einen Stein berührt,
ich war von deinem Himmel so hoch gehoben,
so in Wolken, Dunst und in noch Ferneres gestellt,
daß ich dich schon verließ,
als ich vor Anker ging.

Du hast meine Augen geschlossen
1 mit Meerhauch und Eichenblatt,
von meinen Tränen begossen,
2 hieltst du die Gräser satt;
aus meinen Träumen gelöst,
4 wagten sich Sonnen heran,
doch alles war wieder fort,
3 wenn dein Tag begann.
Alles blieb ungesagt.

Durch die Straßen flatterten die großen grauen Vögel
und wiesen mich aus.
War ich je hier?

Ich wollte nicht gesehen werden.

Meine Augen sind offen.
Meerhauch und Eichenblatt?
Unter den Schlangen des Meers
seh ich, an deiner Statt,
das Land meiner Seele erliegen.
Ich habe seinen Boden nie betreten.

Alles bleibt unbesagt.

Reigen

Reigen — die Liebe hält manchmal
im Löschen der Augen ein,
und wir sehen in ihre eignen
erloschenen Augen hinein.

Kalter Rauch aus dem Krater
haucht unsre Wimpern an;
es hielt die schreckliche Leere
nur einmal den Atem an.

Wir haben die toten Augen
gesehn und vergessen nie.
Die Liebe währt am längsten
und sie erkennt uns nie.

Sterne im März

Noch ist die Aussaat weit. Auf treten
Vorfelder im Regen und Sterne im März.
In die Formel unfruchtbarer Gedanken
fügt sich das Universum nach dem Beispiel
des Lichts, das nicht an den Schnee rührt.

Unter dem Schnee wird auch Staub sein
und, was nicht zerfiel, des Staubes
spätere Nahrung. O Wind, der anhebt!
Wieder reißen Pflüge das Dunkel auf.
Die Tage wollen länger werden.

Die langen Tage säen uns ungefragt
in jene krummen und geraden Linien,
und Sterne treten ab. Auf den Feldern
gedeihen oder verderben wir wahllos,
gefügig dem Regen und zuletzt auch dem Licht.

Holz und Späne

Von den Hornissen will ich schweigen,
denn sie sind leicht zu erkennen.
Auch die laufenden Revolutionen
sind nicht gefährlich.
Der Tod im Gefolge des Lärms
ist beschlossen von jeher.

Doch vor den Eintagsfliegen und den Frauen
nimm dich in acht, vor den Sonntagsjägern,
den Kosmetikern, den Unentschiedenen, Wohlmeinenden,
von keiner Verachtung getroffnen.

Aus den Wäldern trugen wir Reisig und Stämme,
und die Sonne ging uns lange nicht auf.
Berauscht vom Papier am Fließband,
erkenn ich die Zweige nicht wieder,
noch das Moos, in dunkleren Tinten gegoren,
noch das Wort, in die Rinden geschnitten,
wahr und vermessen.

Blätterverschleiß, Spruchbänder,
schwarze Plakate ... Bei Tag und bei Nacht
bebt, unter diesen und jenen Sternen,

die Maschine des Glaubens. Aber ins Holz,
solang es noch grün ist, und mit der Galle,
solang sie noch bitter ist, bin ich
zu schreiben gewillt, was im Anfang war!

Seht zu, daß ihr wachbleibt!

Der Spur der Späne, die flogen, folgt
der Hornissenschwarm, und am Brunnen
sträubt sich der Lockung,
die uns einst schwächte,
das Haar.

Thema und Variation

In diesem Sommer blieb der Honig aus.
Die Königinnen zogen Schwärme fort,
der Erdbeerschlag war über Tag verdorrt,
die Beerensammler kehrten früh nach Haus.

Die ganze Süße trug ein Strahl des Lichts
in einen Schlaf. Wer schlief ihn vor der Zeit?
Honig und Beeren? Der ist ohne Leid,
dem alles zukommt. Und es fehlt ihm nichts.

Und es fehlt ihm nichts, nur ein wenig,
um zu ruhen oder um aufrecht zu stehen.
Höhlen beugten ihn tief und Schatten,
denn kein Land nahm ihn auf.
Selbst in den Bergen war er nicht sicher
— ein Partisan, den die Welt abgab
an ihren toten Trabanten, den Mond.

Der ist ohne Leid, dem alles zukommt,
und was kam ihm nicht zu? Die Kohorte
der Käfer schlug sich in seiner Hand, Brände

häuften Narben in seinem Gesicht, und die Quelle
trat als Chimäre vor sein Aug,
wo sie nicht war.

Honig und Beeren?
Hätte er je den Geruch gekannt, er folgte ihm!

Nachtwandlerischer Schlaf im Gehen,
wer schlief ihn vor der Zeit?
Einer, der alt geboren wurde
und früh ins Dunkel muß.
Die ganze Süße trug ein Strahl des Lichts
an ihm vorbei.

Er spie ins Unterholz den Fluch,
der Dürre bringt, er schrie
und ward erhört:
die Beerensammler kehrten früh nach Haus!
Als sich die Wurzel hob
und ihnen pfeifend nachglitt,
blieb eine Schlangenhaut des Baumes letzte Hut.
Der Erdbeerschlag war über Tag verdorrt.

Unten im Dorf standen die Eimer leer
und trommelreif im Hof.
So schlug die Sonne zu
und wirbelte den Tod.

Die Fenster fielen zu,
die Königinnen zogen Schwärme fort,
und keiner hinderte sie, fortzufliegen.
Die Wildnis nahm sie auf,
der hohle Baum im Farn
den ersten freien Staat.
Den letzten Menschen traf
ein Stachel ohne Schmerz.

In diesem Sommer blieb der Honig aus.

Früher Mittag

Still grünt die Linde im eröffneten Sommer,
weit aus den Städten gerückt, flirrt
der mattglänzende Tagmond. Schon ist Mittag,
schon regt sich im Brunnen der Strahl,
schon hebt sich unter den Scherben
des Märchenvogels geschundener Flügel,
und die vom Steinwurf entstellte Hand
sinkt ins erwachende Korn.

Wo Deutschlands Himmel die Erde schwärzt,
sucht sein enthaupteter Engel ein Grab für den Haß
und reicht dir die Schüssel des Herzens.

Eine Handvoll Schmerz verliert sich über den Hügel.

Sieben Jahre später
fällt es dir wieder ein,
am Brunnen vor dem Tore,
blick nicht zu tief hinein,
die Augen gehen dir über.

Sieben Jahre später,
in einem Totenhaus,
trinken die Henker von gestern
den goldenen Becher aus.
Die Augen täten dir sinken.

Schon ist Mittag, in der Asche
krümmt sich das Eisen, auf den Dorn
ist die Fahne gehißt, und auf den Felsen
uralten Traums bleibt fortan
der Adler geschmiedet.

Nur die Hoffnung kauert erblindet im Licht.

Lös ihr die Fessel, führ sie
die Halde herab, leg ihr
die Hand auf das Aug, daß sie
kein Schatten versengt!

Wo Deutschlands Erde den Himmel schwärzt,
sucht die Wolke nach Worten und füllt den Krater mit Schweigen,
eh sie der Sommer im schütteren Regen vernimmt.

Das Unsägliche geht, leise gesagt, übers Land:
schon ist Mittag.

Beweis zu nichts

Weißt du, Mutter, wenn die Breiten und Längen
den Ort nicht nennen, daß deine Kinder
aus dem dunklen Winkel der Welt dir winken?
Du bleibst stehn, wo sich die Wege verschlingen,
und vorrätig ist dein Herz vor jedem andern.
Wir reichen nicht lange, werfen mit Werken um uns
und blicken zurück. Doch der Rauch überm Herd
läßt uns das Feuer nicht sehn.

Frag: kommt keines wieder? Vom Lot abwärts geführt,
nicht in Richtung des Himmels, fördern wir
Dinge zutage, in denen Vernichtung wohnt und Kraft,
uns zu zerstreuen. Dies alles ist ein Beweis
zu nichts und von niemand verlangt. Entfachst du
das Feuer von neuem, erscheinen wir unkenntlich,
geschwärzte Gesichter, deinem weißen Gesicht.
(Wein! Aber) winke uns nicht.
Weine, nur

Große Landschaft bei Wien

Geister der Ebene, Geister des wachsenden Stroms,
zu unsrem Ende gerufen, haltet nicht vor der Stadt!
Nehmt auch mit euch, was vom Wein überhing
auf brüchigen Rändern, und führt an ein Rinnsal,
wen nach Ausweg verlangt, und öffnet die Steppen!

Drüben verkümmert das nackte Gelenk eines Baums,
ein Schwungrad springt ein, aus dem Feld schlagen
die Bohrtürme den Frühling, Statuenwäldern weicht
der verworfene Torso des Grüns, und es wacht
die Iris des Öls über den Brunnen im Land.

Was liegt daran? Wir spielen die Tänze nicht mehr.
Nach langer Pause: Dissonanzen gelichtet, wenig cantabile.
(Und ihren Atem spür ich nicht mehr auf den Wangen!)
Still stehn die Räder. Durch Staub und Wolkenspreu
schleift den Mantel, der unsre Liebe deckte, das Riesenrad.

Nirgends gewährt man, wie hier, vor den ersten Küssen
die letzten. Es gilt, mit dem Nachklang im Mund
weiterzugehn und zu schweigen. Wo der Kranich
im Schilf der flachen Gewässer seinen Bogen vollendet,
tönender als die Welle, schlägt ihm die Stunde im Rohr.

Asiens Atem ist jenseits.

Rhythmischer Aufgang von Saaten, reifer Kulturen
Ernten vorm Untergang, sind sie verbrieft, so weiß ichs
dem Wind noch zu sagen. Hinter der Böschung
trübt weicheres Wasser das Aug, und es will
mich noch anfallen trunkenes Limesgefühl;
unter den Pappeln am Römerstein grab ich
nach dem Schauplatz vielvölkriger Trauer,
nach dem Lächeln Ja und dem Lächeln Nein.

Alles Leben ist abgewandert in Baukästen,
neue Not mildert man sanitär, in den Alleen
blüht die Kastanie duftlos, Kerzenrauch
kostet die Luft nicht wieder, über der Brüstung
im Park weht so einsam das Haar, im Wasser
sinken die Bälle, vorbei an der Kinderhand
bis auf den Grund, und es begegnet
das tote Auge dem blauen, das es einst war.

Wunder des Unglaubens sind ohne Zahl.
Besteht ein Herz darauf, ein Herz zu sein?
Träum, daß du rein bist, heb die Hand zum Schwur,
träum dein Geschlecht, das dich besiegt, träum
und wehr dennoch mystischer Abkehr im Protest.
Mit einer andern Hand gelingen Zahlen
und Analysen, die dich trennen.
Was dich trennt, bist du. Verström,
komm wissend wieder, in neuer Abschiedsgestalt.

Dem Orkan voraus fliegt die Sonne nach Westen,
zweitausend Jahre sind um, und uns wird nichts bleiben.
Es hebt der Wind Barockgirlanden auf,
es fällt von den Stiegen das Puttengesicht,
es stürzen Basteien in dämmernde Höfe,
von den Kommoden die Masken und Kränze ...

Nur auf dem Platz im Mittagslicht, mit der Kette
am Säulenfuß und dem vergänglichsten Augenblick
geneigt und der Schönheit verfallen, sag ich mich los
von der Zeit, ein Geist unter Geistern, die kommen.

Maria am Gestade —
das Schiff ist leer, der Stein ist blind,
gerettet ist keiner, getroffen sind viele,
das Öl will nicht brennen, wir haben
alle davon getrunken — wo bleibt
dein ewiges Licht?

So sind auch die Fische tot und treiben
den schwarzen Meeren zu, die uns erwarten.
Wir aber mündeten längst, vom Sog
anderer Ströme ergriffen, wo die Welt
ausblieb und wenig Heiterkeit war.
Die Türme der Ebene rühmen uns nach,
daß wir willenlos kamen und auf den Stufen
der Schwermut fielen und tiefer fielen,
mit dem scharfen Gehör für den Fall.

Skizzen für ein Porträt Erich Arendt

I
Auf das Wort gebracht

Die Sprache ist Organ *unseres* Kopfes, *unseres* Herzens, Zeichen unserer Phantasien, *unserer* Ideen, uns muß sie gehorchen.
Hat sie nun zu lange in fremdem Dienst gelebt, so, denk ich, ist fast zu fürchten, daß sie nie mehr ganz der freie, reine durch gar nichts als durch das Innre, so und nicht anders gestaltete Ausdruck unseres Geistes werde. Ich würde mich gern näher darüber erklären . . .

(Hölderlin an Neuffler im Juli 1794)

1

Mit dem ersten Wort, das man über die Lippen bringt, durchbricht man das Schweigen. So brachten einst Worte den Menschen aus dem tierischen Dunkel, gaben Elementen und Dingen Sinn und Zeichen. Wir vollziehen täglich immer wieder im Sprechen diesen Vorgang unserer Stammesgeschichte, ohne ihn noch zu bemerken, bringen Gefühle und Gedanken in Worte, die wir zur Verfügung haben oder vorfinden. Ob sie uns wirklich entsprechen?
Die Gedichte Erich Arendts, legt man mit ein paar gewagten Zügen Querschnitte durch die Arbeit seines Lebens, führen uns diesen widerspruchsvollen Gang vor Augen: wie ihr Sprecher immer wieder von neuem ansetzt, zu seinem Ursprung zu kommen sucht, durch Erfahrungen gewandelt, Worte wiederaufnimmt, die er vor nahezu fünf Dezennien zuerst aussprach:

Aus dem Schweigen
aller Herzen
erdenkahl

Worte wie Auge und Stern, Nacht und Licht, Geburt und Tod, Meer, Sturm, Vögel.

Es erscheint, von heute aus gesehen, als würfe der junge Arendt, der seine ersten Gedichte 1926 in der Zeitschrift »Der Sturm« veröffentlichte, bestimmte Haupt-Worte wie Klänge und Motive seiner künftigen Bestimmung voraus, ohne noch zu ahnen, was er damit begonnen hatte; Vokabeln, deren Realität und Dimensionen es erst einzulösen galt:

Sonnen
Küsten
Klippen heißes Segel Land

Grund-Worte aus einem Schweigen

erdenkahl

Man überläßt die Einordnung solcher Versuche getrost dem Literaturhistoriker, der die Unverbindlichkeit expressionistischer Wort-Kunst schon nachweisen wird, und gerät beim Lesen der Jahrzehnte später, in der Emigration geschriebenen Gedichte über das kolumbianische Urwalddorf Tolú (1943)

im Schweigen der Hütten
(»Vorm Dorf die Sümpfe«)
auf erdnackter Erde
(»Karibische Nacht«)

an diese Worte, jetzt ganz der existentiellen und sozialen Situation entsprechend, der sie gelten, nachdem ihr Autor dort Land zum Überleben gefunden hatte; stößt wieder auf sie in den ersten Zeilen der 1954 in Berlin und auf Hiddensee geschriebenen »Flugoden«:

Erdenkahl
wie es dich anweht! stumm
aus dem tiefen Alter der Welt: gesichtslos

die mit dieser Wort-Periode zu einem gedanklichen Entwurf ansetzen, menschliches Dasein von seiner Herkunft an zu fassen. Man steht schließlich, im sechsten Jahrzehnt seines Lebens, im Banne der Reisen zur italienischen und griechischen Inselwelt des Mittelmeeres, mit ihrem Sprecher an ägäischer Küste zwischen den dauernden Säulen des alten Palastes von »Phaistos« auf Kreta:

Lichtschlag, entwimpert
das Dunkel
Welt!
        mühelos
Altern und Stunde

und empfindet mit ihm das frühe »glückhafte Sich-auf-Erden-Fühlen des Menschen« nach dem vorgeschichtlichen Dunkel erdenkahler »urzeitlicher Formlosigkeit«, ein Dunkel, das mit Asche und Tod – verbrannte Erde, Vernichtungslager –, den totalen Zerstörungen und Massakern in unserer Zeit erneut über den Menschen hereinbrach, zu erklären noch, zu verstehen kaum.

»Wanderer, kommst du«,
komm, lies
die Schrift, windgezeichnet
die Steinhaut, Jahrtausendring hier
an Ring: die blutende
Linie (. . .)
        ältere Nacht!
        Die Furchen der Erde,
        geschlossen.

Was an Zeugnissen und Ruinen überkommener Geschichte ablesbar ist, wird – weil es zugleich schmerzhafte Widerfahrung war –

Todstreifenden Segels,
dennoch davon-
kommen!
            (»Odysseus' Heimkehr«)

zur Struktur für das Gedicht: eine aufs Wort gestellte Lebenslinie, oft unterbrochen, immer wieder aufgenommen, wie der verkürzte Weg menschlicher Entwicklungsgeschichte, tausend Jahre wie ein Tag.

Treibender Fels ich, im
starrenden Umkreis, gram-
offen die Leere des
Himmels, alternd.

Netz, das einfängt
die Tage Vergeblichkeit,
treibend, zählend,
zuweilen Gesang.
(»Schwimmend vor delischer Küste«)

Erich Arendt will für solche Wechselwirkungen zwischen gestern und heute, zwischen Individuum und Gesellschaft, Ahnung und Bewußtsein seine eigene Sprache finden aus dem »Geröll der Silben« und vorgeprägter Wörter. »Die Sprache hat also für den Poeten weniger Wörter«, sagt Klopstock, »der Dichter kann diejenigen Empfindungen, für welche die Sprache keine Worte hat . . ., durch die Stärke und die Stellung der völlig ausgedrückten ähnlichen, mitausdrücken.«

Rasch wächst
das Dürrgras Vergessen:
wir mähen es
ab mit den Zähnen des Worts (das
du härtetest). Schweigst,
zu leben im Zwielicht
der Geschichte
»unglücklich glücklich«!
(»František Halas«)

Die Anstrengung ist deutlich. Worte werden als Zeichen Arendt wieder verfügbar, wenn Vorgänge über weite Strecken hinweg und nicht auf direktem Weg der Transmission in Bezie-

hung treten wie Stein und Geduld, Baum und Schatten, Fels und Gesicht, Vogel und Licht.
Worte, die er so aus »fremdem Dienst« und gewerbsmäßigem Verschleiß zurückzugewinnen sucht: »Sprachbewegung«[1] – die mit formaler Strukturanalyse nicht erklärt wird, fragt sie nicht nach dem Beweggrund, dem tieferen Anlaß zum Sprechen, nach dem Motiv. Motiv, das als »verbindliche politische Aussage« von einem »ideell-realen Inhalt«[2] kaum erschöpfend gedeutet ist, weil seine Intentionen weiter reichen.

(...)
Kein
Gras hier.
Hinter dem Tod
das Meer:
  Mordgroßer Tag,
  darin
die eiserne Sonne.
Komm Vogel:
dein Flügelschlag!
  Ich sterb
  Das Licht.

(»Mykene«)

Ungewohnte Wortverbindungen gewiß, wie sie Arendt, in sichtbarem Kontakt zu weltweiter zeitgenössischer Poesie, herstellt, um scheinbar weit voneinanderliegende Elemente in einen Sprech-Atem zu bringen. Worte, losgesagt von üblicher syntaktischer Fügung und üblichem pragmatischem Gebrauch, die als Vers in Spannung zueinander treten, sich als Unruhe und Herausforderung auf uns übertragend, wenn wir sie aufnehmen. Weil Worte – auch wenn sie uns nie mehr ganz

---

[1] Gregor Laschen: Poetik des Total-Worts. Zu den Gedichten von Erich Arendt. In: Lyrik in der DDR, Frankfurt a.M. 1971.
[2] Heinz Czechowski: Nachwort zu Erich Arendt, Gedichte aus fünf Jahrzehnten, Rostock 1968.

der »freie, reine« Ausdruck werden – nach Mitsprache verlangen. Auch indem sie das Risiko der Autonomie – »hohe Sprache« –, ja der Verfehlung wagen. Worte – nicht mehr

Worte,
gedreht und
gedroschen: Hülsen
gedroschen, der
zusammengekehrte Rest
(»Nach dem Prozeß Sokrates«)

sondern An-Rede und Zu-Spruch. Wenn wir ihre Erregung, wie durch Signale getroffen, erwidern, den Raum zwischen ihnen, von Zeile zu Zeile, von Vers zu Vers, verständnisbereit mit unserer Erfahrung ergänzen. Daß Sprache uns wieder gehorcht, indem wir auf sie hören, was bedeutet, daß sie uns auf neue Weise gehört.

Stein
Horizonte
unser –
(»Verdikt«)

Wir wissen –
noch
wieder.
(»Sekundengezählt«)

2

(...)
der Meeresflügel
des Worts.

Wie ein Gedicht sich bildet, kann man nur schwer verfolgen. Wie ein Wort, anderen vorausgeschickt, ein Bild erweckt, Vorstellungen auslöst, die sich zusehends zu Versen ordnen, von Gegen-Versen erwidert wie das Anbranden und Zurückschlagen einer Welle, Ebbe und Flut.

Erich Arendt kann Blätter zeigen, auf die er – vertikal über die Seite verstreut, so daß weite Zwischenräume blieben – erste Einfälle notiert hat, ursprüngliche Eindrücke, optische Visionen in Metaphern, vorbewußte Inseln auf dem sonst leeren Blatt. Manchmal bleibt der Entwurf liegen, wird verändert, verworfen, endlich doch ausgeführt. Im günstigen Falle gelingt, verschiedene Fassungen und Korrekturen eingerechnet, das Gedicht im ersten Anlauf.

Grundmotive lassen sich erst nach Jahren übersehen.

Das Meer – wahrgenommene Natur – tritt bereits in das Gedicht ein, als der 1903 im märkischen Neuruppin geborene Autor, der ein Lehrerstudium absolvierte und vor 1933 als Erzieher an einer Versuchsschule im Arbeiterviertel Berlin-Neukölln tätig war, seine Ferien auf der Nordseeinsel Sylt verbrachte, auf Wanderungen bis nach Südfrankreich das Ufer des Mittelmeers streift.

Das Meer wird dem vom Faschismus aus Deutschland Vertriebenen

Nicht nur von ungefähr getrieben und verschlagen . . .

zum gefahrvollen und doch rettenden Element, der sich, wie der Odysseus der klassischen Sage, auf weite Fahrt begibt, bis hinüber zur afrikanischen Küste, die Inseln des Mittelmeers besucht. Arendt spürt die gewachsene Einheit von alter europäischer Kultur und gegenwärtiger Zivilisation, Beständigkeit im Kommen und Gehen der Gezeiten von friedlichem Dasein und Bedrohung.

Ulysses' Lächeln kann ich hier in jedem Mann begegnen!

schreibt er, im tradierten Erlebnis- und Gelegenheitsgedicht etwas mitzuteilen, zu berichten, auf den klingenden Reim, das manchmal allzu schöne Bild zu bringen.

»Fels und Flut, Zusammenklang, der den ersten Tag der Erde heraufzubeschwören scheint: So tauchen vielgestalt, zahllos die Inseln aus den mittelmeerischen Wassern«, heißt es später im Reisebuch »Inseln des Mittelmeeres« (1959). »Immer wieder neu erfährt das Auge, was einst Ulysses bewegte, wenn am Meerhorizont die noch zarte, fast verwischbare Linie einer Insel erscheint: elementares Erlebnis täglichen Schöpfungstages im Zerbranden und Beharren der Flut, die da nagt und schäumt und gestaltet, Leben aus den Tiefen spült und Tod.«

Im Lied vom »Albatros« findet er für das Emigrantendasein das entsprechende Naturgleichnis:

Sonnen sanken um mein Schiff und stiegen ...

Strophen, im Reimzwang wohlgefügt – wo doch die Welt aus den Fugen ist –, die sich den verbindlichen Genreformen anschließen, wie sie in der antifaschistischen Lyrik des Exils weithin geübt werden, lyrische Porträts, balladeske Strophen, Sonette.

Vom Wort getragene freie Rhythmen werden nur zaghaft erprobt, eigentlich erst, nach der Überwindung des Ozeans, unterm Ansturm der »unbezwungenen, unbegründeten Natur« im Tropenland Kolumbien, das dem aus Europa Geflohenen Zuflucht gewährt.

(...) erstes Flüstern
der Erde, ein ungehörtes: wir
hörten es

(»Über Asche und Zeit«)

Eine andere Welt. »Dämonisch und unberechenbar (...) Dürren und Plagen, Seuchen, schwellende Fluten, giftige Fieber (...) Aus dieser blinden Abhängigkeit erwuchsen Brauch, Tabu und Kult (...) Noch immer wird die Natur, da die dunkle Hand sie nicht beherrscht, als Schicksal empfunden und gelebt.« Mit solchen Sätzen aus dem Vorwort zu dem Zyklus »Tolú« klärt der Autor später den Hintergrund, auf dem sich seine rhythmischen Perioden ungehemmter entfalteten, greller, antipodischer, surreal die Metaphern, die nun die Szene einnehmen:

(...) Mein Auge, wie
des kreisenden Speervogels, steht
am Himmelsgewölbe,
lauernd, überm Meer.

(»Ausfahrt«)

Der Durchbruch zum eigenen Gedicht zeichnet sich ab, das nicht nur mehr thematisch gebunden ist, sondern seinen Impuls erst im Sprechen selbst findet, Eigenbewegung, die den Vers führt, Stoffliches mithineinreißt in die Sprachempfindung, die Ereignissen nicht nur folgt, sondern ihr immanentes Moment werden will wie im wirbelnden Tanz der »Cumbia«:

> tanzende Fischer die springenden Wogen, daß fischtoll das Meer sei (. . .)
> tanzender ineinandergedrungen, wachsen die Rhythmen (. . .)

In den Gedichten aus dem südamerikanischen Exil, unterm Einfluß heimischen Kults, werden zum erstenmal mythische Kräfte beschworen, die seitdem in Arendts Lyrik poetische Funktion haben.

Mit Recht ist uns der pseudophilosophische Mythos, der auch in der modernen Dichtung gegen Vernunft und Geschichtsbewußtsein ausgespielt wird, verdächtig; Mythos als irrationale »Sendung« zur Maskierung von Macht und Gewalt, monströs in diesem 20. Jahrhundert.

Darum aber handelt es sich hier nicht.

»Was wir verstandesmäßig wissen oder kennen«, schreibt Pierre Grimal, Herausgeber einer Sammlung Mythen der Völker, »ist recht wenig, verglichen mit dem, was wir glauben oder uns vorstellen. Alles, was in uns nicht vom rationalen Wissen erleuchtet ist, gehört dem Mythos an, der nichts anderes ist als die spontane Abwehrreaktion des menschlichen Geistes gegenüber einer unverständlichen oder feindseligen Welt.«

Nur in diesem Sinne ist zu verstehen, was wir in dieser Dichtung mythisch nennen, ein Anruf, »der das Vergangene, Gelebte verkündet (. . .), der zum Ursprünglichen im Menschen spricht (. . .), an das Unvergängliche in ihm sich wendet« – wie es der spanische Dichter Vicente Aleixandre formuliert hat, den Arendt ins Deutsche übertrug. Mythisch bleibt dem Dichter seine Konstellation zwischen Meer und Wind, zwischen Natur und All – über das Erkennbare und Definierte hinaus.

Er erblickt Gegenwart auch im Bilde antiker Kunst, besteht Gefährdung und Verhängnis im Gleichnis einer Zeit, die sie bannte: sie in Gesang und Mythen darstellbar und damit verfügbar machte.

(...) Sei
wie das Wasser – sterblos.
Oder
      ein Stein auf Lemnos
zu sein, erdgerecht, der hinab
sinkt, unmerklich,
und taub –
            Wind,
der manchmal noch kommt
auf Schultern schwer, und
dein Segel, der
weiße Traum, starr (...)
(»Odysseus' Heimkehr«)

Erich Arendt hat es nach seiner Heimkehr im Jahre 1950 – er nimmt seinen Wohnsitz in Berlin, arbeitet als Schriftsteller und Übersetzer – schwer gehabt, diese freigesprochenen Rhythmen an neuerfahrene Landschaft zu binden, die ihm Wirklichkeit und mythische Vision zugleich sein konnte.
Das nördliche »Hiddensee« –

Gehoben vom leisen Licht
in des Himmels größeren Ozean (...)

bot sich noch am ehesten dazu an, schien aber kaum der günstige geographische Ort, solche Beziehungen über Zeiten und Geschlechter hinweg in großer Geste zu umspannen. Seine Oden und Elegien um die Mitte der fünfziger Jahre, die für immer tradiertes Versmaß und gängigen Reim hinter sich lassen, sind gedanklich entworfen; ihre klassischen Symbole wirken noch zitiert, mehr abstrakt denn anschaulich.

Blühte, Wogen
sänftigend und Tod, denn
die Klage Ulysses' nicht?
(»Elegie I«)

Erst die ägäische Inselwelt, mit allen Sinnen aufgenommen während der Reisen gegen Ende der fünfziger, zu Beginn der sechziger Jahre, ihre Wasser befahren, ihre Hügel beschritten, Kunst und Geschichte in Säule und Kubus betastet, öffnet ihm vollends den Zugang zur poetischen Mitte seines Lebens.

(. . .) »Ich,
mein Leib fühlt es
starren, das
aufgerissene Auge
Meer.«
(. . .)
Weinduft. Ein Tanz.
– »Welt! meint
der Schritt.«
(»Steine von Chios«)

Arendts Gedicht macht sich mit dem Band »Ägäis« (1967) auch vom Literarischen weiter frei, das bis dahin noch hier und da in seine Wortfügungen hineinspielte; Metaphern, die vorgeprägt waren oder bei ihm assoziativ aufklangen. Die Ägäis ist ihm auch künstlerisch Offenbarung, der Raum, über den er nun souverän verfügt wie kein zeitgenössischer deutscher Lyriker sonst.

»Die formende Kraft griechischer Meereslandschaft, ihre Klarheit, ihr schönes Gegliedertsein, ihre Offenheit sind bedeutsam. Der alte Gegensatz Natur – Kultur, hier ist er aufgehoben, hier wurde er zu einem einmaligen, unerhörten Zusammenklang gebracht. In dieser alten, jungen Landschaft erwuchs in einem schweren Prozeß voller Gefahr, Tragik, Scheitern und endlosem Mühen ein Gelingen, ein Maß für das Leben, die Dinge und das Handeln, das ganz des Menschen ist. Alles ursprünglich Wilde, Elementare, triebhaft Dunkle verschmolz ganz mit einer menschlich hellen Geistigkeit. Hier

wurden von frühesten Tagen an selbst die Götter entdämonisiert, vermenschlicht (...) Auf diesem Inselreich spukte nicht ›erdgeisthaft‹ die grausige Macht des Blutes durch die Geschichte. Das ward bereits bei den ›Müttern‹ vollzogen und beendet, in vorhistorischer Zeit (...) Mythen und Sagen spiegeln diesen Prozeß der Bändigung des Rauschhaften wider.«
Arendt hat mit solchen Sätzen seiner Bildband-Prosa[3] Deutungen für manche »Dunkelheiten« seiner Gedichte angeboten, die sich ja nicht diskursiv und interpretierend, sondern eruptiv und direkt aussagen. Was sie uns manchmal schwierig macht, rührt daher, daß ihrem Sprecher Fakten und Symbole, geographische Gegebenheiten und antike Mythen vertraut und selbstverständlich sind, während sie uns Stück für Stück verlorengehen, nutzen wir nicht auch diese Begegnung, uns ihnen zu konfrontieren; weil sich am Schicksal der Ägäis in dieser Dichtung Menschenschicksal ablesen läßt, denn ihr Bild der Antike meint ein Vor-Bild; ist nicht erbitterte Idylle oder Rückzugsprovinz – »Ferne, menschenlos, starr (...) also das Unheimliche, Gnadenlose (...) Unveränderliche, nicht Fortschreitende«[4] –, sondern menschenmögliches Territorium, ständig gefährdet, allem ausgesetzt bis zur Selbstzerstörung – immer wieder behauptet und verteidigt.
Kann man dem Entstehen eines Gedichts nachgehen?
Arendt berichtet, daß ihm Verse vorschwebten, als er auf die Insel Naxos kam. Er bestieg einen Berg, unter sich Land und Meer, und hatte auf einmal das Gefühl, nur hier könne der sagenhafte Homer begraben liegen (obgleich er wußte, daß man das Grab im Innern der Insel Ios vermutet). Es war ein Tag, an dem das Wetter jäh umgeschlagen war, eine amerikanische Segeljacht hatte sich in den Hafen gerade noch gerettet vor dem tückischen Fallwind, der hier unvermutet einbricht – das Un-

---

[3] Erich Arendt und Katja Hayek-Arendt: »Inseln des Mittelmeeres«, Leipzig 1959. – »Griechische Inselwelt«, Leipzig 1962. – Erich Arendt: »Säule Kubus Gesicht«, Dresden 1966.
[4] Fritz J. Raddatz: Vom Menschenpathos zur augenlosen Natur. In: Traditionen und Tendenzen, Frankfurt a. M. 1972.

verläßliche dieser Hemisphäre wurde transparent: man stieg wie einst in alter Zeit an Land –, feuerrot die Netze der Fischer, der Hirt im zerschlissenen Mantel, er könnte aus homerischer Ära sein – archaisch und zeitlos Steinpfad, Berg, Wasser, dieser Morgen. Daß alles Persönliche, ja Gegenwärtige verschluckt schien vom Schatten, der aus dem Meer stieg und mit eigener und zugleich fremder Stimme von dieser seltsamen »Ankunft« auf der Insel spricht. Denn so heißt nun das Gedicht.

Wir hätten es damit mühsam nacherzählt, ohne es doch in seiner Substanz nur annähernd nachvollzogen zu haben, weil es sich nur in seiner Sprechweise selbst offenbart: Worte, die aufeinander verwiesen sind; Verse, die plötzlich abbrechen – wie es einem das Wort verschlägt –, weiterstreben und so das Atmosphärische des Gedichts ausmachen, mitgesagt, unwiederholbar: Ankunft und Selbstbegegnung, Augenblick und Zeitlosigkeit – »Stunde Homer«, wie ein anderes weiter ausholendes Gedicht aus dem Buch »Ägäis« genannt ist:

Nimm in den Arm mich
mein trauernder
Mut, den wohl der Flugstrich
der Schwalbe zerbricht, Mut
gegen den anbäumenden Berg,
das tausendköpfige
Finster!
(. . .)
– und unterm Tagstern
hebt wie eh
das Meerhaupt
hebt das alte
Entsetzen, und

Erinnern geht
durch die Hohlader Zeit –

3

Lavagesichtig die Leiber,
dünn, im Un-
faßbaren.

Erich Arendt hat das Gedicht »Feuerhalm« – er sagt, es entstand auch unter dem Eindruck der Formen Alberto Giacomettis – dem Grafiker Altenbourg gewidmet, und es nähert sich seltsam einem graphischen Blatt, nur daß Worte, nicht Linien es bilden.

Das Gedicht verläuft wie manche Dichtungen der letzten Jahre in mehreren Längsachsen, um die poetischen Schichten auch optisch, typographisch hervortreten zu lassen. Es bilden sich Wort-Felder – ganz im Sinne der Sprachwissenschaft –, wo ein Wort das andere nachzieht, sich neuer Wortklang und -sinn durchsetzt, Worte das Skelett der Sprachfigur sind. Beschreibende Weitschweifigkeit, ausmalende Farbigkeit fehlt ganz. Vers-Sätze brechen abrupt ab.

Es bleiben nur bestimmende Konturen wie Strich und Schraffur der strukturbildenden Zeichnung.

Arendts Dichtung stand immer unter dem Einfluß bildender Kunst, seit der Zeit, da er selbst noch Zeichenlehrer war und Plastik und Malerei ihm auch für das Gedicht Erlebnis, Gegenstand, ja Beispiel wurden.

Er hat versucht, den Bewegungstrieb der Venus des Expressionisten Archipenko in Sprache umzusetzen, die tierhafte Anmut der Pferde zu erfühlen wie Franz Marc. Breughel, Rembrandt, Goya, der Maler David inspirieren als Realisten das Gedicht, das im Sonett von den Händen des spanischen Bauern Sebastian wie mit scharfem Messer in Holz geschnitten scheint, das in den Bildern aus den Tropen mit Wortfarben nicht geizt; erzählende Breite ist immer auch malerisch schwelgend, ähnlich wie auf den Leinwänden des Malers Wiedemann, die er seitdem in seinen nur das Haus wechselnden Arbeitszimmern hat. Berühmte Bildeinfälle, Porträts, Valeurs sind Arendt nicht Reminiszenzen, wie es bei oberflächlicher Lektüre täuschen kann, sie projizieren, was Wirklichkeit auslöst: Goyas Angst, Rembrandts Altersgesicht, Chagalls Träume – Situationen, die man sich zuruft wie Kennzeichen und Losungsworte:

dem die Welt zerbrochen,
von neuem gelang, Picasso

Kunst tritt sinnlich in den Vers zeitlebens; wird zur poetischen Größe; tritt in der Gestalt des »Kouros« allen minotaurischen Gewalten entgegen:

(. . .) nacht-
schmale Blüte des Mundes,
ein Zeichen, leichter doch
schwerer als Mohn
als Gefels: geschlossenen Augs
ein Lächeln, fast
wie am höhlenden
Tod vorbei:
Über uns
schwebend, im stierhäuptgen
Dunkel, die Doppelaxt
Mond eisiger
Zeitgang,
immer noch
in roten Ästen Glas-
licht, die erkalteten
Augen.

»Nicht mehr Gegenstand sein der Götterwillkür«, sagt Arendt, wenn er die archaische Gestalt des Jünglings, des Kouros von Melos interpretiert, die, noch unterm Zeichen der Doppelaxt, dem herrschenden Mondkult, doch den Ewigkeitsmythos zerbricht. Auf ihrem Antlitz »ein Lächeln, das die Angst, die magische Urangst noch weiß und nicht mehr kennt, ein erstes befreites Menschenlächeln (. . .) Heroisch: denn des

Menschen Urbeginn, karnal, wild dunkel, kann jeden Augenblick wieder hervorbrechen (...) diese mitgestaltete Gefahr gibt den Kouroi die ungemeine innere Spannung.« Arendts Gedicht »Kouros« ist Elegie, weil es die Dynamik nicht nur nachzeichnet, wie im Wiedergestalten

Hand die
blutet

sondern zugleich als Zeichen versteht, »Elevation« unserer Wirklichkeit an »zukünftiger Entfaltung des Menschen« schmerzlich zu messen. Arendt sieht in der Kunst der griechischen Archaik die Erstarrung des perspektivischen Raums zum erstenmal gesprengt. Er setzt diese Weltsicht in eine kühne Analogie zur »sphärischen Raumgestaltung« in heutiger bildender Kunst, begonnen in der Malerei bei Cézanne, und überträgt dieses Prinzip auch auf das Gefüge seiner Verse, die nicht nur »mental-rational« gelesen sein wollen, auch begriffen wie ein Blatt moderner Grafik, weil ihnen – nicht als ›elitäre‹ Marotte, noch als Aufriß erstarrter Poetik – die Symbiose mit den anderen Kunstgattungen notwendig wurde.
Arendt lebte in seinem Arbeitszimmer mit den Bildern seiner Zeitgenossen Werner Gilles, Altenbourg, Loewig, Carlfriedrich Claus. Er ist der Herausgeber des Bandes »Wort und Gestalt« (1958), widmete Verse Bildhauern wie Gustav Seitz oder Wieland Förster, dessen »Niobe« sich aus dem Stein herauszwängt, Lithographie, die Arendt Strich für Strich, Stufe für Stufe im Gedicht mitzeichnet. Ihm wiederum könnten die Worte gelten, die Förster zu den sensiblen Zeichnungen von Paul Eliasberg geschrieben hat, dem – ähnlich wie Arendt – die griechische Inselwelt zum Medium wurde: »Nicht ausgegraben das Vergangene, Ferne, sondern (...) Struktur und Bildung findend, wachsend und wirkend noch in der Formung des Steines, des Lichts, apollinisch ...«

4

(...) eine Panazee könnten die Deutschen wohl brauchen, auch nach der politisch-philosophischen Kur; denn alles andre abgerechnet, so hat die philosophisch-politische Bildung schon in sich selbst die Inkonvenienz, daß sie zwar die Menschen zu den wesentlichen, unumgänglich notwendigen Verhältnissen, zu Pflicht und Recht, zusammenknüpft, aber wie viel ist dann zur Menschenharmonie noch übrig? Der nach optischen Regeln gezeichnete Vor- und Mittel- und Hintergrund ist noch lange nicht die Landschaft, die sich neben das lebendige Werk der Natur allenfalls stellen möchte. Aber die Besten unter den Deutschen meinen meist noch immer, wenn nur erst die Welt hübsch *symmetrisch* wäre, so wäre alles geschehen.

(Hölderlin an den Bruder am 1. Januar 1799)

Dichtung – auch wenn ihr im Vermögen des Einzelnen ständig natürliche Grenzen gezogen sind – versteht sich immer universal. Sie kann sich mit der Wiedergabe des Bestehenden allein nicht begnügen, sie versucht in unbekannte »Landschaft« vorzudringen. Die »sphärische Welt« nennt es Arendt und erläutert: »eine Humanität, die den unlöslichen Glauben an sich selbst hat und integral alles einbezieht, kann nur hervorgehen, wenn sie den Menschen mit allen seinen Gefühls- und Bewußtseinswelten als ihren eigensten und unveräußerlichen Wert, als ihr Zentrum hat.«[5] Vielleicht hat Arendt erst im letzten Jahrzehnt zu einer Dichtung gefunden, die das Poetische so versteht. Jedenfalls hat man ihn immer mißverstanden, wenn man seiner Lyrik Funktionen zuweisen wollte, die nicht ihr Anliegen sind, während man ihren Intentionen nur oberflächlich nachging. Dazu mag mancher Umstand erschwerend

[5] Erich Arendt: »Säule Kubus Gesicht«, S. 38f.

beigetragen haben. Arendt trat – bereits achtundvierzig Jahre alt – erst als Dichter hervor, nachdem man ihn in der Öffentlichkeit als den profunden Übersetzer lateinamerikanischer Lyrik von Guillén bis Pablo Neruda kennengelernt hatte[6], und sah ihn mit dem Band »Trug doch die Nacht den Albatros« (1951) – ohne von seinen frühen Arbeiten Kenntnis zu nehmen – nur in Nachbarschaft zu diesen episch und hymnisch tendierten Aufbruchsgesängen eines Kontinents. Man las seine Spaniengedichte der »Bergwindballade« (1952) – niedergeschrieben über ein Jahrzehnt zuvor, für den unmittelbaren Kampf bestimmte Verse mit dem dokumentarisch-rhetorischen Gestus des Augenzeugen, und stand befremdet vor dem »Ausflug ins Menschenlose«[7] in »Gesang der sieben Inseln« (1957), der sich nicht auf gesellschaftlich determinierte Ereignisse direkt bezog. Doch politische Entscheidung – er trat 1926 der KPD bei und wurde Mitglied des Bundes proletarisch-revolutionärer Schriftsteller – war Arendt vor allem lebensnotwendige Voraussetzung, die Welt durch Sprache darzustellen. Sein frühes Gedicht »Folterung (Szantó und Genossen)« zeigt es an, und immer dann verwirklicht er sich als Dichter am glücklichsten, wenn er die »soziale Frage« zugleich als Aktion der Menschen zu ihrer Selbstbefreiung in Schmerz und Aufbegehren begreift. Mit Gegensatzpaaren »politisch, aber alltagsabgewandt, sozialistisch, aber zivilisationsscheu«[8]

---

[6] Von Erich Arendt (oft in »Zusammenarbeit mit Katja Hayek-Arendt) übertragen erschienen: »Die Indios steigen von Mixco nieder«, Berlin 1951. – Rafael Alberti: »Stimme aus Nesselerde und Gitarre«, Berlin 1959. – Rafael Alberti: »Von den Engeln«, Leipzig 1981. – Vicente Aleixandre: »Nackt wie der glühende Stein«, Reinbek bei Hamburg 1963. – Vicente Aleixandre: »Gedichte«, Leipzig 1980. – Luis Cernuda: »Das Wirkliche und das Verlangen, Leipzig 1978. – Nicolás Guillén: »Bitter schmeckt das Zuckerrohr«, Berlin 1952. – Nicolás Guillén: »Bezahlt mich nicht, daß ich singe«, Berlin 1961. – Miguel Hernández: »Gedichte«, Köln 1965. – Pablo Neruda: »Viele sind wir«, Neuwied 1972. – Octavio Paz: »Gedichte«, Berlin 1973. – César Vallejo: »Funken wie Weizenkörner«, Berlin 1971.

[7] Adolf Endler: Auf neuen Wegen. In: Neue deutsche Literatur 6/1958.

[8] Volker Klotz: Zu Erich Arendts Gedichten. In: »Unter den Hufen des Winds«, Ausgewählte Gedichte 1926–1965, Hamburg 1966.

kann man das nicht erfassen. Arendt ist kein politischer Sänger, kein didaktischer Aufklärer. Das Wort Politik, auf ihn angewendet, hat am ehesten mit seinem griechischen Ursprung zu tun: dem Gemeinwesen, der Völkerrechtsgemeinschaft verpflichtet, wie Solon es verstand, der politische Neutralität als Vergehen mit dem Entzug der Bürgerrechte bestraft sehen wollte und seine Gesetzgebung – in Elegien verteidigte:

Keiner ist glücklich der Sterblichen, keiner; kummerbelastet
Ist das ganze Geschlecht, welches die Sonne bescheint!

Stücke wie »Spruch«; »Nach dem Prozeß Sokrates«; »Elegie« lassen sich durchaus als Anmahnungen verstehen, tragisches Geschehen und Entsetzen, deren historische Fakten und Ursachen bisher nur wenig geklärt sind, wachzuhalten, ohne Beschwichtigung, im Ton der Trauer, die dem Dichter dann bleibt.

Arendt vertraut sich in seinen Elegien – und das sind diese späten Gedichte meist – jedoch nicht blind und unbehaust einem Geschick an, das uns willenlos zum Spielball von Mächten und Leidenschaften macht. Er unterscheidet sich – bei mancher Affinität zur Sprache Paul Celans – von den absoluten Elegikern ebenso, wie er sich mit einer »symmetrisch« gedachten Welt als Dichter nicht abfinden kann.

  Blut-
  kehliges
  Gestern,
hinab-
spülen
den klebrigen
Schluck.
    War einer
umarmt?
    Bei Tag
wer sind wir?

(»Niezurück«)

Die Frage steht mit seinem Gedicht vor uns. Gedicht, das die Zwiesprache mit unserer Zeit auf mehreren Ebenen führt. Daß Wirklichkeit und erinnerte wie vorausschauende mythische Deutung ständig in Streit miteinander stehen. Dialog zwischen Erkanntem und Noch-zu-Erkennendem. Prozeß, der keine »Lösung« kennt, nur das Potential Mensch.

(. . .) Antwort gaben, wo
du den Schößling gesetzt hast,
am Ufer der Kinder,
totengeldhart
die Blätter.

So, über dem Scheitel das
natternköpfige Blut,
fuhren wir
in die unverrückbare Zeit, im
geweiteten Aug
zähe Verblendung.
Sturmhaube Nacht
über der See der Toten.

Mutter,
Masken unsres
Leids!
(»Troja«)

(1972)

II
Zu Wieland Försters Zeichnung und Stele

1

Erich Arendt. Haare wie Fledermausflügel von Stirn und Kopf fliegend –

Flughäutig
ein letztes
Nachwort

dünne, im spitzen Winkel zusammengepreßte Lippen unter hervorstechenden Wangenbeinen – kein Mund mehr

entmündigt
die eigene Stimme

ein Altersgesicht, karg, scharf, nur belebt vom seitwärts abirrenden, spähenden Blick der Augen –

Sie halten
hohlschalig
ihr Augengespräch

Man findet für die Züge dieses Gesichts mühelos Metaphern aus seinen Gedichten, als ob in ihnen die vergangenen Jahre stehengeblieben sind, Stimme, Wort, Gespräch, als säße man noch an seinem Bett, natürlich, wie konnte es anders sein, über eben geschriebenen Versen, hier eine Wendung billigend, eine andere verwerfend, Augen und Hände erregt –

Der es kennt
bis in die Fingerspitzen
er schwebt (. . .)
(. . .) hell-
fühliger Schatten Herr

Er sah sich nie gern so, wie Förster ihn, mit zerbrechlich-weiblichen Zügen der Krankheit, greisenhaft, aufs Blatt gezeichnet hat. Fühlte er sich doch bald, wo waren die Monate überstandener Leiden, kräftig genug, schon unterwegs gen Süden, wie seit seiner Jugend, immer dem Traum nach, Spanien, Italien,

Griechenland; vergessen Schlaf, Schmerz und Skalpell, Beschwerden, die in der Dichtung gelten mochten, nicht für seinen Körper, nicht für ihn, in blue jeans, dem zeitgemäßen Reiseanzug junger Leute ohne aufwendiges Gepäck, mit wehendem weißen Haar, einem Auto winkend, er fuhr ja per Anhalter, wenn es sein mußte, uns, die schmählich Zurückgebliebenen, von einem ablegenden Schiff grüßend, manchmal eine Postkarte, hier bin ich und dort, eßlustig, weinselig, dies hab ich zum ersten Mal, jenes wieder gesehen, später Berichte davon – er war schon ein Phänomen, und nannte ihn Huchel nicht spöttisch den lockeren Zeisig?

GOETHE ZEICHNETE
alles wir
knipsen
in das Zerbröckeln der Säulen
blickzerfaserte wir
riechen
sehen über die Steinbrüstung
armselig kriechend
den Fluß der pockennarbig
Übelkeit dünstet
Tiberius heißt es
hat darin sich gewaschen
hinter uns
über die Fahrbahn weg:
etliche sind
am Leben geblieben
sie rösten dickblättrige
Artischocken auf jüdisch
köstliches
Sabbatgrün wir
schmecken es
glückbeschämt über jedes
Aug um uns
das davonkam, den

glasigen Römerhimmel hinab
seine Pestfahne zieht
ein Jet wir bleiben, ein
Achselzucken, sitzen und
trinken
den Umtodeten zu

Seltsamer Reisender. Wohin er kommt, begegnen ihm die Davongekommenen, vor ihnen, nicht vor den alten Tempeln, stockt der Fuß, an ihnen bricht sich der Blick, weil sie, Zeugen eigenen Überlebens, zur Bildsäule erstarrt, vor ihm stehen. Goethe vor bald zweihundert Jahren sah mit reiner Freude – »man müßte mit tausend Griffeln schreiben« –, was ihm von Jugend an aus Kupfern und Gemälden, in Gips und Kork nachgebildet, bekannt war; und er stellt nicht ohne Genugtuung fest, »wie die Kunst sowohl als die Natur alle Maßvergleichungen aufheben kann«. Dem empfindsamen Reisenden von heute sind die Überlebenden das Maß der Dinge. Vor ihnen haben sich die ehrwürdigen Kulturlandschaften, weit zerstörter als zu Goethes Zeiten, haben sich die bröckelnden Säulen zu bewähren, sie blieben denn schöne antike Kulisse. Daß sich zum Glücksgefühl, weil es uns sonst unangemessen, ja unmenschlich schiene, jetzt stets die Scham gesellt.

EINS MIT dem Dunkel
die unpaaren
Steine, es
spricht: ZERBRECHT
Zeit über euch!
und, als vom Atem
der Wogen bewegt.
sie: DAUERE!

Er geht durch das Marseiller Hafenviertel, und das Wiedersehen ist Bild und Memento in einem, die gegenwärtige Szenerie so unwirklich wie wirklich, was man einst sah und hörte: er selbst, emigriert aus Deutschland, nach den Monaten im republikanischen Spanien gegen Franco, bedroht von den Landsleuten in der verhaßten Uniform – »das herrische Blond« –, im vertrauten Gespräch noch eben mit den gleichfalls verfolgten Gefährten, die – ihre Namen sind leicht entschlüsselt – verleumdet als Verräter, von den eigenen Genossen falsch beschuldigt, später verurteilt werden, sie, die gerade, wie nur im Gedicht möglich, unmittelbar neben ihm sind –

Dein Schatten ist dein Körper

wieder lächeln wie einst, ungespalten die Zunge, unversehrt an seine Seite gehen – »o Atemholen Sekunde«.

In welcher Ebene der Zeit lebt man wirklich?

Seltsame Andenken, die Arendt stets von seinen phantastischen südlichen Exkursionen mitbrachte. Simultane Bilder, Gestalten, Erscheinungen, mit denen die Leser hier schwer zurecht kamen, weil sie diese nicht als konkrete Wesen, als tatsächliche Ereignisse nehmen wollten, sondern sich über Worte verwunderten, sie rein symbolisch verstanden, nicht einfach als Gegebenheiten wie Schatten und Körper, Vogelflug und Meereswoge, Schweigen und Tod (»Metapher ist für mich die sinnliche, bildinnerste Gleichsetzung mit dem Gegenstand, keine Vergleichung«). Man stieß doch nicht zufällig an diese stets wiederkehrenden *Stein-Male – Stein – Enge – Stein gesetztes-alt – Versteinen im Stein – Stein, der nicht mehr steinigt . . .* Erschrak vor der Fülle wandelbaren Lichts: *Eiter des Lichts – Lichtschiffe – Lichtschlaf – Lichtgrab . . .*

War dieses visionäre Land im Süden nur ein anderes Terrain für noch mögliches Dasein und Weiterleben?

Wir gewöhnten uns, nicht nur in seinem wechselnden Gesicht zu lesen, sondern in den Zügen und Zeilen dieser Verse; versuchten, ihre realen und mythischen Zeichen ganz wörtlich zu nehmen, buchstäblich existentiell, wie seine uns bestürzenden Stenogramme »Unterm Eingriff« an der »Lebensgrenze« –

Rot
aufglühend tickte
ein Schmerz auf (. . .)

er weiß
die Blicke drin
werden sich klammern
an sein
enthäutendes Wort (. . .)

Seitdem sieht man ihn, körperlich, sinnlich anwesend in all seinen Gedichten –

Auf der unerreichbaren
Insel ich stand
und die Sonne schien
scheint ich stehe
am Stamm der gefleckten Platane, die
zwei Jahrtausend breitet,
himmelrund
über ein Wort.

Was ihm da, nicht unterwegs, während der Krankheit im narkotischen Dämmer aufsteigt –

du liegst
und die Weltnadel tickt

er hat es wirklich begangen, *Berg Erice, Kap Palinurus* umschifft, *Cala Montjoy*, die spanische Küste, *königsblaugrenznah* schon Setif und Hebron, was machen Entfernungen aus, Sizilien und die Toscana, Troja, die Berge Griechenlands –

(. . .) du brachst
daß ich aß
als ein Wort (. . .)
die Feigenfrucht
auf:
Finger,
vom Funkeln des Meers
berührte

Wir erkennen ihn nun, gezeichnet, dem unerbittlichen Vers näher als der uns längst vertraut-gewohnten Alltagsgeste, voller Bonhomie sein Gesicht, heiter-gerötet, redelustig, weltläufig, hier in der Berliner Raumerstraße oder im Garten von Wilhelmshorst.

2

Heiterkeit, Lust am Leben, Freude an der Kunst – er ist ein Phänomen. Daß einer an der Schwelle zu seinem siebten Lebensjahrzehnt, nach bösen und abenteuerlichen Jahren der Vertreibung aus Heimat und Sprache, nach lebensbedrohenden Umhergetriebenwerden, dennoch nicht zur Ruhe kommen will. Sich nicht, mit Heim, Haus, materieller Sicherheit zufrieden, bei schönen Büchern und Bildern einrichtet und ausrichtet; daß er, doch geprägt von abgeforderten, manchmal überlebensnotwendigen Bindungen und Denkweisen, längst Dogmen und Einengungen in Frage stellt – »als hätte Leiden Vernunft« –, sie verwirft, hinter sich läßt, sich trotzalledem, unvergrämt, aber nicht unbetroffen, bis dahin nicht gekannten Erfahrungen und neuen Horizonten aussetzt und überläßt – »Selig, wer sich vor der Welt . . .« –, und diese Möglichkeiten in eine bis dahin kaum zu erwartende Sprache, ins Gedicht bringen kann, sich aus-spricht, frei-spricht!

Sicher kann man, gerüstet mit den einschlägigen germanistischen Techniken, dafür aus biographischem und literarischem Material manches an Hinweisen und Beweisen liefern, man tuts, wer würde den Nutzen bestreiten. Aber kann eine solche Untersuchung das Geheimnis dieser Wandlung, nennt man sie nun Abrechnung, Läuterung, Bekehrung, Reife, vollends entdecken, das Elixier Überlebensfreude, das ihn eigentlich trieb und treibt, die menschliche Substanz, das künstlerische Potential?

Wir haben uns gewöhnt, alles zu quantifizieren, zu vergleichen, einzuordnen. Die positiven wie negativen Vorzeichen solcher Wertungen sind austauschbar, je nach Position des Gutachters: hie Ich – da Gesellschaft, Innen- und Außenwelt, Fortschritt oder Regression, Geschichtspessimismus einerseits, andrerseits soziale Utopie, Engagement diesseits und jenseits von; wer wäre der Urteile nicht einmal satt?

Vor allem angesichts einer solch vitalen, persönlichen Metamorphose? Als Arendt sich zu Beginn der 60er Jahre zu den ägäischen Inseln aufmachte – eine, freilich erwünschte, Auftragsreise für einen Bildband, gelegen kommend, der ihn damals bedrückenden Misere mit ›Mauer und Maulkorb‹ auszuweichen (»Welt! meint/der Schritt«) –, konnte er ahnen, daß sich ihm diese Inseln als Archipel wiedergewonnener Sprach- und Bildkraft erschließen würden, sein Orplid, Mythos und »Prinzip Hoffnung«, wie immer man das dann nennen würde. Sinnbild für alles, was sich zuvor der erträumten, eigenen Sprache verwehrt hatte.

Sicher, er spricht von Einsichten und Erkenntnissen, wie sie seit den Tagen im antifaschistischen Spanien, seit den Prozessen von 1937 –

Blutwimper, schwarz:
das Jahrhundert

später Fakten um Fakten bekanntwerdend, wohl nur dem Versteinerten gleichgültig sein konnten. Wir haben an manchen seiner Zeit-Genossen alle in Frage kommenden Verhaltensweisen beobachten können: unangefochtene, auch zynische Selbstgerechtigkeit, naiven Glaubenseifer oder geübte Verstellung, platte Angst, Müdigkeit und verbitterte Resignation, aber auch beharrliches Widersetzen und zähes Aufarbeiten. Verhaltensmuster, wie sie uns bei einschlägigen Verfahren geläufig sind und in reinlicher Scheidung kaum auftreten.

Arendt – obwohl ihm solche Haltungen nicht fremd sein konnten – reagierte kreativ als Dichter. Und vieles, was man später als bewußte Anti-Ideologie oder bezweckte Philosophie in seine Gedichte seit der Ägäis hinein- oder aus ihnen herauslesen wollte, ist mehr nachträgliche Interpretation oder Selbstdeutung. Während er doch eigentlich – natürlich in Kontakt, ja Vertrautsein mit tradierter und moderner Weltlyrik – Wort werden ließ, was er endlich als ihm wahrhaftig entsprechend empfand. Daß er wieder sah, fühlte, begriff, dachte, unvermittelt und unverfremdet, wie vielleicht nur in jungen, unbeschwerten Tragen, als ihm das lyrische Bild noch reiner Ausdruck schien. Ob es sich nun um die Kunst der Antike handelte, die er »gegen das illusorische Griechenlandbild eines Goe-

the« auf sich wirken ließ, oder um Auffassungen, was denn dieses ihm gemäße Gebilde, Gedicht genannt, nun eigentlich sei. Ging es doch nicht darum, einem indoktrinierten Weltbild nur die Kehrseite vorzuhalten, weil sich aus Vorhaltungen und Ressentiments allein eben kein rechtes Bild machen läßt. Der Dichtung Sprache ist Trauer und Freude, Gesang und Elegie. Die Nähe zu Hölderlin – er spricht von dessen »psychischem Kosmos« – war da schon keine Ermessensfrage mehr.
Damit soll nicht belegt oder ausgelegt werden, mehr erklärt, warum man einen Lyriker von der Statur Arendts nicht zwischen die Pole Apologet oder Rebell, politischer Rapsode oder weltabgewandter Idylliker spannen kann, Etiketten, wie sie die Medien und bestellten Literaturgeschichten heute als Wortzeichen verteilen.
Arendt schreibt jenseits von solchen Einordnungen, wenn auch nicht abseits vom täglichen Leben, ihm vielmehr hellhörig und hellsichtig zugetan, fähig, solche Wahrnehmungen und Empfindungen, die bis ins Unterbewußte reichen, vorsichtig, aber bezeichnend zu skandieren:

DEM TÄGLICHEN Unser
aufzuckend
das Schmerzgeäder
vernabt
das angrübelnde
Wort.

Im Blinden
der Zukunft
unser gealterter
Staub.
Wo Einblick
wo . . . wir
im Tunnelgehöhl

der mandelstamm-
blutigen Erde
wo Rosmarinatem doch
– berufend Rose
und Meer –
den Wundstein umhaucht hat.
Finster
im Fallwind
die aschenlichtigen
Finger.

Wortfügungen, die Schmerz, Verwundet-Sein und immer wieder Verwundet-Werden berufen, widersprechen nur scheinbar seiner unternehmungsreichen Weltoffenheit. Die Namen der Verwundeten, Getroffenen –

Mandelstam – mandelstamm/blutige Erde –
Zwetajewa – Zeit der Knochen –
Celan – Ent-Gültiges ist –

werden nicht als Nachhall oder gar aus Pflichtübung zitiert, sie sind ihm das zeitgemäß Poetische schlechthin, an dem er sich orientiert, Posie, »dies unschuldigste aller Geschäfte«, wie Hölderlin sagt, die ja nicht recht haben oder behalten will, sondern nur ihren Anspruch erhebt, da zu sein und bleiben zu wollen: »vernabt dem täglichen Unser« das Wort: Nabe, Achse, Angelpunkt lebendigen Hierseins. Als solches bestimmt es die Struktur seiner Verse akzentuiert bis in ihre innerliche Gesetzlichkeit.

Die vielbesprochene Inversion, die dieser Vers am prosaischen Satz vornimmt, um ihn damit zugleich aufzuheben, ist nicht nur prosodische Aktion, willkürliche metrische Gliederung, vielmehr eine Umwandlung herkömmlichen Sprechens – der veränderten Welthaltung ihres Autors folgend – in dem Sinne, wie der Begriff in der Geologie verwendet wird: als Reliefumkehrung, bei der sich, durch Verschiebung der Erdrinde –

wo Rosmarinatem doch
– berufend Rose

und Meer –
den Wundstein umhaucht hat

aus Tälern Berge erheben, wie durch die Wortumstellung, die der Vers vornimmt, entscheidende Akzentverschiebungen erfolgen:

UND GINGE
den Weg auch
ins Wer-weiß-schon
geröllschwer
hin
Sonne ist (. . .)

Eine Wende also, wie sie die Musik als Inversion kennt: als Gegenbewegung einer Tonfolge:

in seiner Wüste
liegt das
Münder sucht
ein Wort

Die Auflehnung, die sich insgesamt in dieser Versbewegung zeigt, kommt aus einer im Grunde ungebrochenen, wenn auch nicht widerspruchslosen Übereinkunft mit dem Elementaren, das er den Vorgängen und Abläufen um sich entnimmt, seien sie nun persönlicher oder gesellschaftlicher Natur (»Mythos ist der Inbegriff für Humanität«). Verse kommen wieder spontan, nicht mehr – wie in einer langen Periode seines Schaffens – vordergründig auf ein ausgemachtes Ziel hin tendiert. Wer nun von hermetischen Gedichten spricht, die sich in ihrem selbstgeschaffenen Mythos genügen, verfehlt ihren Impuls. Arendts Gedichte sind immer auch Erlebnisgedichte. Denn Erleben heißt ja nichts anderes als Leben in Besitz nehmen. Leben als Tätigkeit direkt dem Leib verhaftet, als Hauptwort Leben Gegensatz zum Tod.

Er notiert Verszeilen, die dem authentischen Erinnerungsablauf in Krankheitsbedrängnis und Todesfurcht nachspüren. Sie konzentrieren sich, fast sollte man sagen unwillkürlich, in dem Doppelwort, das die schöpferische Phase dieses letzten Lebensdrittel leitmotivisch trifft: Zweit-Geburt.

Gedicht, an der Schwelle zwischen Schlaf und Wachsein, zwischen Ahnung und Gewißheit, das jene Unruhe und ein Nicht-sich-abfinden-Wollen beschreibt, das er nicht nur physisch, sondern auch geistig durchlebte: Wiedererwachen, Wiedererfahren, Wiederverstehen:

spürst – siehst
ein Augengroß das
dir zulächelt
wie vorm Jahrhundert und mehr
die Mutter es nicht vermochte
dein Mund sog – er kann nicht
öffnet sich nicht –
ein Lappen Wasser stillt dir
lippenharsches Leben kühlt
kühler als am Hang
der eiserne Quell einst
den du durchschrittest
und wieder – das Dunkel
hält nicht! –
läßt dich du läßt dich
gleiten
ins erlösende Nicht
Schlaf

nimmst du augennah
mit dir
das erste
Gesicht
(...)

Wieland Försters Porträt-Plastik von 1968 zeigt Arendts Kopf in gesammelter, in sich ruhender Gelassenheit, gelöst die Züge, fast heiter, nicht ohne Wehmut um Augen und Mund. Das Gesicht meinen wir zu kennen an ihm, wenn es uns nicht durch die Kunst zugleich entrückt wäre, kein Abbild. Der wul-

stige Nacken, der Hals mit Anlage zum Doppelkinn, nichts ist unzulässig verschönert, das Bildnis dem uns bekannten Mann profan nah, mit dem wir reden, bei einer guten Mahlzeit dem Wein zusprechen, er beugt sich wohl gerade vor, zitiert einen ihm wichtigen Dichter, man schwatzt, lästert, blättert in einem Buch, lobt ein Bild, viele Gebärden verschmelzen zu einem Augenblick, alles Gewichtige geschieht mehr nebenbei.
Überraschend ist die Lösung, die Förster für den Sockel dieses Kopfes fand. Er ruht nicht, wie man es gemeinhin kennt, nach Hals- oder Brustansatz jäh abbrechend, Torso, auf einem anonymen Block oder Gestell. Der Kopf setzt sich in einer Stele fort, die, durchaus Konturen eines Körpers andeutend, nach unten schlank gestreckt, in einem Fuß endend, sich zusehends verjüngt. Man könnte an den Fuß Pans denken, der diesem Gesicht eines alternden Mannes die Figur eines Jünglings, eines Epheben gibt, eine zweite Jugend.
Im freien Raum, zwischen Baum und Gesträuch, auf Erde und Gras, ein Stück wechselnden Himmels darüber, ist dieses Gesicht wirklich einem Faun ähnlich, die Statue einem Kuros, wandernde Stele.

ICH GEH
die tiefergefurchten
Breitengrade, blick-
vermählt
den innren Gestalten
des Lichts:
Alther es nistet
das Wort
Zärtlichkeitswort
im Zweig, der Oliven:
ägidisch.

3

entgrenzen – Grenzen überschreiten; gesetzte Grenzen des Ortes, der Zeit, des Lebens – spricht sich im Wort selbst so direkt wie mit dem Titel seines letzten Gedichtbandes ein uneinlösbares Vertrauen aus? Das Äußerste, was zu sagen ist?

schon Wort
in deinem abtrünnigen Schweigen

Das Gedicht »Seenot antipodisch« nennt den Ort, die Insel Ouessant vor der bretonischen Küste, auf der er sich während seines letzten Frankreichaufenthalts waghalsig den tobenden Elementen aussetzt, sich auf seinem Pegasus in Seenot begibt, oder gerät, oder geraten will, immer wieder und immer noch begierig zu erfahren, was er bisher vielleicht versäumt, was damit bis dahin nicht zu beschreiben war:

mein schmaler Verstand heftet sich
an die wie vom Jenseits
von meiner Innenangst
gehaltenen Flügel

– die existentielle Situation, die »sich selbst beschreibend« artikuliert. Seltsames Gedicht; Gedicht über die Natur, Ballade der eigenen Lebenslage, Dialog über das Schreiben – Verse eines großen Sich-Aufbäumens gegen das Nichts:

ich atme ja noch
ein wandernder Noah inmitten
von Sintflut
pressender Luft

So den nutzlosen
Aufstand der Erde dichtend
Einzelung (...)

Daß wissen ihm auch immer sehen, begreifen und gestalten bedeutete und daß er das, wenn es darauf ankam, unbedingt in die Tat umsetzte, er, der sonst eher nachgiebige, tolerante, die Klippen des Daseins eher Meidende – es wird noch einmal Ereignis:

Die seit endlos in mir
anschießenden Festigkeiten
zerreißen (...)
(Vielleicht find ich wieder
das Wort) (...)
die vorzeitige Zeile
Ouessant.

Über das Gedicht schreiben, hieße ausführlich über sein Leben nachdenken. So fuhr er Jahre zuvor zu der Insel Samothrake, zu der Stelle, auf der die Nike einst wirklich gestanden hatte –

weit-weg
blickend
aufs Meer

und nicht – wie jetzt – in ihrem musealen Exil im Louvre von Paris. Aber es hatte ihn nicht ruhen lassen, sie dort aufzusuchen, wo eigentlich ihr Platz war; man kann das Gedicht »Nike« einfach als Reisebeschreibung lesen, das ist dann freilich eine Reise zugleich in die Vergangenheit, in die mythische Gegenwart, denn:

ich fand deinen Ort
leer-
geschunden von Zeit ohne
Geschichte

aufs Meer blickend
ich sah
seine Gedächtnistiefe die
unbesiegbare Bläue

Der Vers also endgültig und unumstößlich ein Entgrenzen über Landschaften seines Lebens hinweg (wann hat man vom Meer als Element so in deutschen Gedichten gelesen?), hinweg über festgeschriebene Erinnerungen, die Wechselfälle der unübersichtlichen, schwierig zu meisternden, täglichen Betriebsamkeit:

und so
zu dir
das Entgrenzen . . .

Die Worte sind ja an ein junges Mädchen gerichtet, nicht an eine phantomhafte Muse, und vielleicht sind sie deshalb –

›halsbrecherisch
jung‹

die bezwingendsten Verse in seinem Alterswerk, Liebesgedichte

Gebirg
Geheimnis
Geschlecht

erotische Gedichte eines Achtzigjährigen, die wie alterslos

erdschön das
Irisdunkel

verstrickt in Anbetung und Wunschvorstellung –

ein Uferloses
Umarmen

und zugleich doch überlassen der Trauer, daß eine solche Erwartung kaum einzulösen ist, alle große Metaphorik mit der Geste eines letzten Zurufs abtun:

Hallo Hallo . . .

Verse, hinter denen unwiderruflich steht:

wissend wie alles
zuende geht

»Ich sehe dich nur halb«, sagte er, als ich ihn damals im Krankenhaus besuchte, und auf die Frage, wie sich ein solches Bild denn ausnehme, sagte er: »Halb, wie im Längsschnitt.« Er hatte es schwer, die Worte, die er brauchte, wiederzufinden, und er war sich dieser Schwierigkeit gleichzeitig bewußt, so daß er diese Unzulänglichkeit mit Charme in großzügigen, fragmentarischen Umschreibungen umging, für die er wiederum erstaunliche Wendungen fand, die er selbst auch mit gebührender Achtung auskostete. Halb stieß er geradenwegs auf sie zu, sprach klaglos aus, wie es um ihn stand: daß er sich

eben in einem nicht so leicht formulierbaren Zustand befinde, bei schwindendem, versagendem Gedächtnis für Naheliegendes, aber auch Fernes – eine Situation, für die er kaum Begriffe zur Verfügung habe.
Er findet sie wieder in Versen liebender Zuwendung und Anrede. Einmal nennt er den Zustand, in dem er sich befindet, »Hohlraum«:

WENN schatten-unterhöhlt
ich dir
ganz schlicht die Höllenweisheit
letzter Liebe
vorspiele

Wenn wir über seinen Gedichten aus früheren Jahren saßen, war er manchmal inspiriert und frisch wie einst; bedachte vergangene Verse mit Lob, mit Zweifel und Frage; staunte, welche Mühe er mit seinen Texten hatte – die vielen Fassungen, bis sie zu dem Gedicht geworden waren, das ihm dann gültig erschien. Er freute sich mit mir, wenn wir ein längst schon vergessenes Stück ans Licht zogen, an das er sich nicht mehr erinnerte. Er hat sich ja nie als ›Schöpfer eines Werkes‹ sehen wollen, hat nichts gesammelt, gar geordnet oder archiviert. Die eigentlichen Begegnungen, die Anlässe, Menschen, Länder, Meere – sie hätte er nicht gegen Gedichtbände eingetauscht. Aber nur in seinen Gedichten leben sie weiter.

WIE SONST denn
könnte es Worte geben
Gebürtigem zu

netzverknotet in uns (. . .)

wir wollten wohl
eins sein
im verleiben
der Stundenflucht

(1978/82)

Freier Umgang mit klassischen Formen bei täglichem Hofgeschrei
Zu den Gedichten Karl Mickels

Es ist zu viel, wenn Einer um sich blickt
Und Schönes siehet, und der Zeit Punkt Augen-
Blick ist Höhlung, ungefüllt mit Liebem:
Ich war der Mann, der weit und singend geht

Singen was? der Finsternis Geschichte.
Jetzt bin ich ich, und liebe lehre dichte.

Karl Mickel, der sich in einem »Gegen-Sonett« so vorstellte, wurde 1935 in Dresden, der sächsischen Kulturmetropole, geboren. Er trat zuerst mit argumentierenden, durchaus agitatorisch tendierten Versen auf, schrieb schon zu Beginn der 60er Jahre Kantatentexte für den Komponisten Paul Dessau, von dessen musikalischer Rhythmisierung er für seine Verse profitiert hat. Mit den Schlußzeilen seines Gedichts »Winterreise« von 1959 gab er einer Tendenzwende in der DDR-Lyrik die Überschrift:

Zu allem Neuen eine Landschaft.
Wir schließen langsam mit uns selbst Bekanntschaft.

»Bekanntschaft mit uns selbst« – war der Titel einer Anthologie, unter deren Motto eine junge Generation von Autoren antrat, zu denen neben Karl Mickel Volker Braun, Heinz Czechowski, Bernd Jentzsch und Rainer Kirsch zählten, schon auf dem Höhepunkt jener »Lyrikwelle«, die mit Versen dieser Autoren ein neues Selbstverständnis durchsetzte, das sich mit apologetisch-hymnischer Freundlichkeit nicht mehr begnügte, sondern im realistischen Gedicht Möglichkeiten sah, sich im gesellschaftlichen Prozeß zu erkennen. – »Lobverse und Beschimpfungen« lautete der Titel von Mickels erstem Gedichtband, der noch an Brechts »Lob des Lernens« erinnern moch-

te, für eine Lyrik, in der »die Zukunft« poetisch mit »am Tische saß«, aber bereits nur »Lamento und Gelächter« übrig hatte.
Mickel studierte nicht nur die strenge Sonettform von ihren Quellen her, nämlich bei Dante und Shakespeare, las nicht nur die Elegien Catulls oder die Hymnen des englischen Barockdichters John Donne für sich anders, er beschäftigte sich mit der griechischen Mythologie und ihrer Verwendung in der deutschen Klassik, die ihm Zusammenhänge der Weltpoesie erschloß. Aus solchen Intentionen entstand dann ein Gedicht, das heftig beschimpft oder gelobt wurde, ein Entwurf, mit dem er, wie mit einem Paukenschlag, seinen Einstand in der deutschen Lyrik gab:

Der See

See, schartige Schüssel, gefüllt mit Fischleibern
Du Anti-Himmel unterm Kiel, abgesplitterte Hirnschal
Von Herrn Herr Hydrocephalos, vor unsern Zeitläuften
Eingedrückt ins Erdreich, Denkmal des Aufpralls
Nach rasendem Absturz: du stößt mich im Gegensinn
Aufwärts, ab, wenn ich atemlos nieder zum Grund tauch
Wo alte Schuhe zuhaus sind zwischen den Weißbäuchen.

Totes gedeiht noch! An Ufern, grindigen Wundrändern
Verlängert sichs, wächsts, der Hirnschale Haarstoppel
Borstiges Baumwerk, trägfauler als der Verblichene
(Ein Jahr: ein Schritt, zehn Jahr: ein Wasserabschlagen
Ein Jahrhundert: ein Satz). Das soll ich ausforschen?
Und die Amphibien. Was sie reinlich einst abschleckten
Koten sie tropfenweis voll, unersättlicher Kreislauf
Leichen und Laich.

Also bleibt einzig das Leersaufen
Übrig, in Tamerlans Spur, der soff sich aus Feindschädel-
Pokalen eins an (»Nicht länger denkt der Erschlagene«

Sagt das Gefäß, »nicht denke an ihn!« sagt der Inhalt).
So faß ich die Bäume (»hoffentlich halten die Wurzeln!«)
Und reiße die Mulde empor, schräg in die Wolkenwand
Zerr ich den See, ich saufe, die Lippen zerspringen
Ich saufe, ich saufe, ich sauf – wohin mit den Abwässern!
See, schartige Schüssel, gefüllt mit Fischleibern:
Durch mich durch jetzt Fluß inmitten eurer Behausungen!
Ich lieg und verdaue den Fisch.

Heute kann man nur schwer nachvollziehen, worüber sich damals eine literarisch-kulturpolitische Öffentlichkeit aus Anlaß eines dreiteilig-freirhythmischen Gedichts fast bis zum Exzeß ereiferte. Die metaphorische Begeisterung des sich seiner Geschichte bewußtwerdenden Ichs mit der Gebärde des klassischen Selbsthelfers wirkte wie eine Provokation, ergrimmte oder begeisterte Leser wie Kollegen des Autors gleichermaßen. Einer von ihnen, Georg Maurer, Mickel nennt ihn »mein Lehrer«, sagte:
»Ich sehe es im ganzen als großen Spaß an, der mit behaglichem Grimm vorgetragen wird. Da kommt dieser Herr Mikkel, Michel, Megalos (megaloi theoi: das sind die ›großen Götter‹!) an die Stelle, wo der Wasserkopf, Herr Hydrocephalos, vor der Menschheitsgeschichte kopfüber auf die Erde gesaust ist. Davon ist geblieben ein Teich zum Baden für Herrn Mickel, na also! Aber der Teich hats doch in sich. Das wächst's kraus und kreist zwischen Leichen und Laich. Und das nimmt sich enorm viel Zeit. Ein Jahrhundert: ein Satz. Das soll Herr Mickel im selben Tempo ausforschen? Wo käme er hin? Da wird kurzer Prozeß gemacht. Und der grimmige Tamerlan fällt ihm ein, der sich die halbe Welt einst unterwarf. Der soff sich aus Feindesschädeln eins an. Das aber gerade tut nun Herr Mickel nicht! In Tamerlans Machtspur ist's ihm dafür ein Großspaß, mit aller Kraft, so daß er gerade fürchtet, am Seerand die Wurzeln der Bäume könnten seiner Aktivität nicht standhalten, die Erdmulde emporzureißen und den ganzen Teich sich einzuflößen mit der Geste eines Riesen – und den

im Magen verbleibenden Fisch zu verdauen. Das ganze ein Naturgedicht, wie es – meine ich – nur in der sozialistischen Naturlyrik entstehen kann, übermütige, groteske Metapher für den gewaltigen Angriff, immer rascher die Natur zu bewältigen zu Nutz und Vergnügen der Menschheit.«
Soweit Georg Maurer. Sein Beitrag freilich wurde in der damals als »öffentlich« deklarierten Debatte der Studentenzeitung »forum« im Jahre 1966 nicht gedruckt, weil er den ideologischen Gralshütern nicht in ihr dogmatisches Konzept paßte. Das Schlußwort bekam hingegen Professor Hans Koch, der nicht nur das Gedicht, sondern vor allem auch seinen Autor abzuqualifizieren hatte; auszugsweise Zitate aus dem Verdikt: »Wirklichkeit bietet sich dem Subjekt dar als etwas Häßliches, Abstoßendes, Ekelerregendes, krankhaft und krank wahrscheinlich von Urzeiten her. (...) Die Häßlichkeit dieser Natur-Welt oder Welt-Natur ist ausnahmslos: Der See, ein Anti-Himmel in des Wortes vielerlei Deutlichkeit, eine schartige Schüssel, vernutzt und verrottet, abgesplitterte Hirnschale von etwas Menschenähnlich-Unmenschlichem, Verkrüppeltem (...) Deutliche Gesellschaftssymbole, poetisch gewaltsam einem unangemessenen Naturgegenstand aufgepropft (...) können sich zu einem dialektischen Gesellschaftsbild nicht zusammenschließen. Das kommt daher, daß die Weltanschauung dieses Gedichts außerhalb des eigenen Subjekts nichts kennt und entdeckt, auch nicht andeutungsweise, was sich lieben ließe.« In der Besprechung des gesamten Gedichtbandes von Karl Mickel heißt es vom selben Professor unter der Überschrift »Hilfloses lyrisches Ich« dann endgültig: »Widerwärtig häuft sich Fäkal- und Sexualvokabular, wo Kraft und Saft nicht ideeller Substanz entspringen. (...) All die be- und verklemmten Gefühle können sich hier nicht im Mittun, in verantwortlicher geistiger Mitwirkung an einem großen, organisierten, kollektiven Werk befreien.«
Solche Urteile kommentieren sich selbst, was ihre Verfasser nicht hindert, bei wechselndem Anlaß, wieder laut und mächtig zu werden. Mickels Gedichte teilten die Leserschaft, hin-

fort sind die Meinungen über Karl Mickel geteilt. Er selbst wird Gegenstand von Gedichten, etwa wenn ihn Volker Braun – in Anspielung auf zitierte Kritiker – im Stile seiner Mottek-Sonette verteidigt:

Du auch hast deine Art, bei Sinnen bleiben
Ohne wie sonstwer daß du alles fliehst.
Den Riß der Welt zwischen den Beinen siehst
Kopierst du annehmbar sich dran zu reiben.
Das *hilflose*, sagen die Professoren.
Ich, die sich nur behelfen, wo sie dürfen
Du aber mußt den Grund der Suppe schlürfen
Wo nichts mehr bleibt. Das nennen die verloren.
Und anders Mottek, der die Zukunft schaut
Und sagt Unsägliches sagbar in deinem
Vers. Nie hat Wissenschaft Kunst so gebaut.
Kühl wie die ist und wahr. Das soll es geben
Hör ich dich murmeln verstanden von keinem.
Und Loch an Loch die Welt aus Gräbern Leben.

Mickels Mottek-Sonette finden sich zuerst in seinem Band »Vita nova mea – Mein neues Leben« von 1966, für den sich Mickel Dantes Buch »vita nuova« als Muster nahm, der mit diesen Gedichten Beatrice besingt, in einem Stil, den man seinerzeit den »neuen süßen Stil« nannte, in dem Dante die Geliebte zur mystischen Gestalt verklärt und Liebesgenuß in geistiger Hingabe läutert – wie ihn Mickel, zur Freude seiner Kritiker, drastisch zur Feier der körperlichen Liebe stilisiert. Mikkel sagt in einem Aufsatz »Plattheiten über Gedichte«:
»Ich halte dafür, daß ein bestimmter Mann A unter Umständen ohne eine bestimmte Frau B ebensowenig seines Lebens froh werden kann, wie ohne den Arbeiter- und Bauern-Staat; ich trete nicht für versteckte Pornographie ein, sondern für offene, ich berufe mich auf Friedrich Engels, welcher sich wiederum auf andere Autoritäten beruft.«
Kritiker haben ihn wiederum dafür arg gescholten, Dichter-

kollegen ihn deshalb in Gedichten verteidigt, wie Adolf Endler in seiner »düsteren Legende von Karl Mickel«, die ein Beispiel dafür bietet, wie sich damals Autoren solidarisch füreinander einsetzten, sich über ihre Arbeiten verständigten:

Losgekettet habe ich mich oft mit Bissen,
Dickes Blut floß mit dem Speichel aus der Zunge.
Von den andern schnitt ich sanfter mich mit Küssen.
Einmal noch, nur einmal! flehten Alt und Junge.

Wankend stand der Feind der Lügner und der Trägen
– Wars Villon, Karl Mickel, war es Oscar Wilde? –,
Sah sie eifrig, junge Fraun, den Schandpfahl sägen;
Witwen, sie vor allem, haben sich beeilt.

Auch der Hohe Rat hat ihn mit Macht gescholten:
Seine sittenlosen Schriften treff der Bann!
Drei Doktoren unsrer Alma mater rollten
Jenen Pfahl zum Markt: Reicht her den Mann!

Losgekettet habe ich mich oft mit Bissen,
Ha und Blut floß mit dem Speichel aus der Zunge.
Von den andern schnitt ich sanfter mich mit Küssen
Einmal noch, nur einmal! flehten Alt und Junge.

Ob mit Eheringen, güldnen, ob mit Beilen
Zielten sie auf was man lustvoll schiebt.
(Drei Doktoren gründlich tilgen Mickels Zeilen,
Bis es keine auf der ganzen Welt mehr gibt.)

Eisig nunmehr, Heros düsterer Ballade,
Er skandierte: Each man kills the thing he loves.
Und sie taten es und schnürten ihn zum Rade.
Konnte keiner Englisch in dem Rund des Kaffs?

Mickels Anteilnahme, sein menschliches Engagement kommt vielleicht am eindrucksvollsten in dem großen Gedicht zur Geltung, das er über seine Heimatstadt schrieb, ein Gedicht, das einer Stadtlandschaft Aspekte abgewinnt in faszinierendem Wechsel von poetischer Schilderung und polemischer Spannung. Es ist das vielschichtige Gedicht »Dresdner Häuser«, sein erstes Motiv ist der Gegensatz von einst und jetzt, von alt und neu:

> Seltsamer Hang! Die Häuser stehn, als sei
> Hier nichts geschehen (...)
> Die schöngeschnittnen Räume! Ihr Verfall
> Rührt, scheint es, vom ungehemmten
> Wachstum wilder Kirschen im Parterre
> Langsam, scheint es, haben die Bewohner
> Sich eingeschränkt, um endlich nur ein Zimmer
> Noch einzunehmen mit dem Blick zum Fluß.
> Das also gibt es (...)

Ein Bild vom zerstörten Dresden. Harmonie nennen wir den Zusammenklang von Natur und Zivilisation. Die alten Häuser am Elbufer sind Kriegshinterbliebene, von der letzten Generation ihrer Bürger dem Verderben ausgeliefert, als der Krieg an seinen Ausgangsort zurückschlug – das war eben vor 35 Jahren.

> Die hier wohnten
> Inmitten großer Industrie, erhabener
> Natur, die Stadt zu Füßen, setzten in Gang
> Des Todes Fließband ... Buckelköpfe
> In sichern Bunkern, westwärts weg, bevor
> Gestein und Fleisch zu schrecklichen Gebirgen
> Zusammenglühten stadtwärts, menschenwärts (...)

Was Harmonie schien, ist die Ruhe nach der Zerstörung. Die Ruinen geben den Blick frei auf die neuen Viertel der Stadt:

> (...) kahle Häuser, reizlos
> Eins wie's andere, buntgemalt, mit dünnen

Wänden, niedern Zimmern, Bad
Ungekachelt, schön, daß sie dasind.

Hier herrscht Disharmonie. Eile konnte nicht ersetzen, was zuvor in Jahrhunderten organisch gewachsen war – Dresden, Barockstadt, Elbflorenz – das jetzt in verlassener Ruhe seltsam dasteht. In den neuen Wohnungen aber ist Leben. Die Mängel der Architektur, die nur allzu offensichtlich sind, verstellen nicht den Blick dafür. Alte Ruhe kommt zur Unruhe des Aufbaus.

Gibts das, Ruhe hierorts? Freundin, wir
Beschäftigt auf den Polstermöbeln emp-
Finden was wie Ruhe zwischen zwei
Herzschlägen (...)
Ruhig sind die Pausen in den hastig
Polternden Schritten, wenn der Schichtarbeiter
Von nebenan zur offnen Haustür geht. (...)
                                        Das ist die Ruhe:
Zeit zwischen Blitz und Donner, Unrast hat Löcher

Pflicht geht nicht durch, eh Muße Pflicht wird.

Ein zweites Motiv durchzieht das Gedicht: Ruhe und Unruhe dieser Zeit. Ruhig ist es gegenwärtig nie, und deshalb unterbricht der Sprecher sein Gedicht, schaltet den Bericht der Nachbarin ein, mit der er Wand an Wand lebt, sie erzählt, was sie unruhig macht:

Auf Disteläckern wir lernten uns kennen (...)
Nicht in die Knie gehn! Erste sein am Rain!
Daß Zeit ist für den Kuß, die Luft war trocken
Staub im Mund, er sprach:

                                    Nicht erst das Grab
Soll, wenn wir leben, Bucklige heilen!
Ich geb nicht auf, wie leb ich sonst?

In diese Hast und Mühe der Leute, sagt der Sprecher von ihren Häusern, die gewiß kein Höhepunkt der Städtebaukunst sind, die aber dennoch auf veränderte Besitzverhältnisse hinweisen:

Weil sie den Krach mit den Vermieterinnen
Gewaltlos hindern. Weil ich die Ruhe liebe
Sag ich zu dieser Bauart: Ja. Das Neue.

In den alten Häusern herrschen noch die alten Besitzverhältnisse, in die neuen Häuser ziehen sie nicht automatisch mit ein. Denn die Zeit, da Muße einmal Pflicht sein wird – diese Zeit ist jetzt nicht. Mickel rückt durch solches Inbeziehungsetzen verschiedene Zeitebenen ins Gedicht. Vergangenheit wird mit den »Buckelköpfen« erinnert, und dieser Vergangenheit stellt er alltägliche Gegenwart entgegen, mit der Verheißung, »Bucklige zu heilen« noch vor dem Grab, Buckel, die von den Buckelköpfen hinterlassen wurden. An diesem Punkt angelangt, wirft der Sprecher die Frage auf: Wo bin ich? Wer?, weil er, der ein ungeschminktes Bild werktätigen Lebens gab, sich vor die unbillige Forderung gestellt sieht:

»Des Dichters Lied sei heiter!«
Nicht diese Töne, Freunde! Eure Stimme
Soll hinbaun was, wo vorher nichts war, Wald
Niederreißen, Schornsteinwälder hochziehn
In kürzern Zeiten als ein Ästlein wächst.

Des Dichters Lied kann nicht heiter sein, wo das Leben alles andere als heiter ist. Mickel nimmt Schillers Vers aus dem Prolog zum »Wallenstein«: »Ernst ist das Leben, heiter sei die Kunst« – um sich im Gegenzitat von Auffassungen abzugrenzen, die, wie seine Kritiker, Kunst gern als Werk und Beiwerk sehen, zur Aufmunterung der Arbeitsleistung beizutragen. Das Gedicht wird polemisch. Das geflügelte Wort »Und neues Leben blüht aus den Ruinen«, man findet es in Schillers »Wilhelm Tell«, und eine Hymne hat es mit »Auferstanden aus Ruinen« adaptiert – wird sarkastisch kommentiert:

Das neue Leben blüht nicht aus Ruinen
Da blüht Unkraut, Unkraut
Muß weg, eh Neues hinkann.

Auf einer dritten Ebene des Gedichts wird die ästhetische

Auseinandersetzung geführt, nicht getrennt von der gesellschaftlichen, dafür auf Mickelsche Weise: heiter, mit Ironie und Selbstironie. Der Schluß des Gedichts aber ist anderen Temperaments. Weist der Sprecher ungerechtfertigte Ansprüche an Kunst spöttisch ab, so hat er doch den innigen Wunsch, daß sein Vers den Leuten etwas gibt, etwas Praktisches, um sich heimisch zu fühlen. Oft las man das abgegriffene Bild »unser neues Haus bauen«, das glatt als Entsprechung für konfliktreiches Leben gelten sollte. Mickel nimmt die Losung als Metapher wörtlich, das heißt beim Wort: er selbst, der Sprecher, möchte ein solches Haus sein. Das Gedicht: »Dresdner Häuser« schließt:

Ich selber will ein Haus sein, sterbe ich
Stein durch und durch, der Frost Glut Sturm
Unfühlend abweist, weist sie für euch ab.
Nach außen leit ich eure Stürme willig
In mir ein Herz wird schlagen wie der Donner
Waldungen stürzen, fliegt ein Fenster auf
Mit euren Gluten heize ich die Stadt
Sobald euch friert, den Kontinent vereis ich.
Wer in mich eindringt, bricht sich das Genick
Bevor er euch behelligt, auf der Treppe
Die Kindlein über meinen Dachfirst wandeln
Schwerelos.

Mickel will mit solchen Entwürfen das Groß-Gedicht versuchen – »Große Gegenstände erheischen große Formen« –, indem er sich einen dialektischen Begriff von der Hymne macht, wie er sie bei den Klassikern liest, denen er mit »freiem, ehrwürdigem Gelächter« naht, um sich von ihnen zu nehmen, was er brauchen kann: das Gedicht als Feld für das Spiel der eigenen Möglichkeiten.

Lassen sich die ersten Resultate schon in dem Band »Vita nova mea« ablesen, so setzen sie sich in dem 1975 publizierten Buch »Eisenzeit« noch souveräner durch, weil ästhetische Erörterungen aus dem Vers verbannt werden. Die Gesamt-

konzeption von Mickels Lyrik zeigt sich aber vor allem in der strengen Auswahl seiner Gedichte »Odysseus in Ithaka« von 1976, die jeweils nur wenige Gedichte für je ein Jahr ihrer Niederschrift gelten läßt. Gedichte, in denen Gegenwärtiges zu Geschichte und Kunst von gestern in Kontrast gesetzt wird, so daß alltägliche Ereignisse, ein Krankenhausaufenthalt, ein Traum, ein Tisch, ein Hofgeschrei, Gelegenheit bieten, sie gleichzeitig als aktuell und schon historisch zu empfinden.
Ein Text, der ziemlich der Umgangssprache auf der Straße folgt, ja diese Sprachgestik ganz bewußt notiert, heißt »Hofgeschrei«, er gibt eine Szene mit ihren rituellen Wiederholungen fast stenographisch wieder:

Wo ist der Ball?
Suche sofort den Ball!
Du sollst den Ball suchen!
Such den Ball!
Ohne Ball brauchst du nicht oben zu kommen
Du sollst den Ball suchen! hab ich dir gesagt dort links in der Ecke
Wo ist der Ball?
Der weiß nicht, wo rechts und links ist.
Komm ja nicht oben ohne den Ball! du
Sollst sofort den Ball suchen!
Hab ich dir gesagt. Wenn du den Ball nicht suchst
Brauchst du nicht oben zu kommen.
Du sollst oben kommen sofort mit dem Ball
Hab ich dir gesagt! wo ist der Ball
Suche sofort den Ball du kriegst Dresche
Wenn du oben kommst ohne den Ball
Komm sofort oben du sollst
Den Ball suchen hab ich dir gesagt

Im Berliner Idiom ruft da eine Mutter oder ein Vater aus dem hochgelegenen Stockwerk – also von oben herab – das Kind; und der Vorgang hat plötzlich weit über den banalen Anlaß hinaus Bedeutung, weil er sich in seiner widersinnigen Dialektik von Hinweis-Aufforderung-Drohung und Befehl in einem fehlerhaften Kreis dreht und so durch die Sprachgebärde selbst Zustände entlarvt, besser als jeder Bericht oder Kommentar. Das Gedicht fängt auch gestisch einen gesellschaftlichen Status ein, dem man sogar einen politischen Sinn geben kann, überträgt man die familiäre Scheltszene in die Arena der großen Politik: Mickel läßt das Gedicht für das Jahr 1968 gelten.

Dieser Bezug wird noch deutlicher, vergleicht man das Gedicht mit zwei Epigrammen Bertolt Brechts, die dieser Anfang der 50er Jahre schrieb, ebenfalls kleine, alltägliche Vorfälle schildernd, sie aber durch die Gedichtüberschriften in einen gesellschaftspolitischen Kontext rückend:

Unglücklicher Vorgang

Hier ist ein Haus, das für euch gebaut ist.
Es ist weit. Es ist dicht.
Es ist gut für euch, tretet ein.

Zögernd nähern sich
Zimmerleute und Maurer
Klempner und Glaser.

Glücklicher Vorgang

Das Kind kommt gelaufen
Mutter, binde mir die Schürze.
Die Schürze wird gebunden.

Die also, die sich die Häuser gebaut haben, nähern sich auf Geheiß oder gar Befehl nur zögend dem, was ihnen doch eigentlich gehört. Mickel hält nichts von solchen didaktischen Gesten, wie Brecht sie, immer mit dem Ziel der Belehrung und Unterweisung, austeilt, um »unglückliche Zustände« durch Gegenüberstellung zu dekuvrieren.

Suche sofort den Ball! . . .
Der weiß nicht, wo rechts und links ist . . .
Du kriegst Dresche
Wenn du oben kommst ohne den Ball
Komm sofort oben . . .

Mickel überträgt solche Fehlabläufe auch in die Struktur anderer Gedichte, etwa in die Paradestücke gewitzter Argumentation in reimlosen Sonetten unter dem Titel »Mottek sagt« – in denen er Sachvorgänge mit der Logik einer abspulenden Spirale überdreht, um absurde Verhältnisse wieder durchschaubar zu machen. Mickel hat die Gedichte seinem Lehrer, dem Wirtschaftswissenschaftler Professor Mottek, gewidmet und in den Mund gelegt. Er läßt ihn zum Beispiel im ersten Sonett – ein Jahrzehnt vor dem ersten Smog-Alarm in Berlin – ausführen:

In Tokio, sagt Mottek, sie verkaufen
Sauerstoff in Läden gegen Geld
Wer zahlt darf atmen, drei oder zehn Züge
Aus einer Maske, und in England
Sind, sagt Mottek, an der Nordseeküste
In einem halben Jahr gestorben Seevögel
Zwölftausend Stück, und er weiß nicht warum
Fünftausend Jahre früher die Dravida-
Kultur verkam, vermutlich haben Abwässer
Vergiftet See und Plankton und der Fischtod
Tötete, sagte Mottek, auch die Vögel
Und die Dravida kannten keine Düngung
Die haben also die Natur beraubt
Vier Fünftel unsers Sauerstoffs, sagt Mottek
Erzeugt das Plankton, wer ein Auto kauft
Kauft den Autounfall, weiß er das?
Mottek sagt, er denkt, der Andre hat ihn

Fast folgerichtig brachte der Spaß am gestischen Sprechen Mickel zum Theater, wo sich auf der Bühne Fragender und Antwortender konfrontiert sehen. Er arbeitete Jahre am Berliner Ensemble, schrieb eine Fassung der »Celestina«, eine Adaption der antiken »Nausikaa«, schließlich das Libretto zur Oper »Einstein« von Paul Dessau, das Brechts Fragestellung aus dem »Galilei« auf den Punkt bringt: der Wissenschaftler verbrennt selbst die neue Weltformel, die er gefunden hat. Aber Hanswurst, die alte Volksfigur, entkommt dem Hinrichtungsteich und dem Krokodilsrachen (das Teichsymbol des Gedichts wird wiederum aufgenommen) und spaziert auf der Schneide des Rasiermessers sicher ans andere Ufer: »Sie sehen, meine Damen und Herren: Ich lebe gern.« Das ist zugleich das umfassendste Credo des Dichters Mickel.
Wäre nachzutragen, daß unser Autor, als Sohn eines Arbeiters geboren zu Dresden, in Berlin lebt, daß er Wirtschaftsgeschichte studierte, daß er Redakteur der Zeitschrift »Junge Kunst« war und zeitweise selbst Dozent an der Hochschule für Ökonomie (»Marx wird Marx« heißt ein Essay). Zur Person: Blasser Mann, der vor allem durch seine Mager-, sprich Schlankheit das Mitleid der Frauen unwiderstehlich zu wecken scheint – »tief lagen die Augen«, heißt es in einem Gedicht von Sarah Kirsch.
Mickel also: ein Großsprecher, Marktschreier, Spötter – der selbst Spott nur schwer vertragen kann (was ihn mit einem Mann wie Heinrich Heine verbindet: also von byronischer Zerrissenheit – die der Zerrissenheit seines Landes und seiner Zeit entspricht). Ein verletzlicher Mensch, der seine Verletzlichkeit hinter Grobheiten versteckt und es nur Freunden gestattet, daß auf seine Kosten gelacht wird. Der diesen Freunden – Leising, Endler, Kirsten – Gedichte herzlich gewidmet hat.
Ein Mann, ausgestattet mit diesem doppelten Blick, der gleichzeitig an- und abwesend auf uns und an uns vorbeisieht, unberechenbar vernünftig, abstrus genau. Von diesen Zügen findet sich etwas in dem Gedicht »Die Elbe« – ein Gedicht, in

dem nicht nur von einem Fluß die Rede ist, sondern auch von uns, von dieser Welt, diesem Zwitterwesen, dieser Synthese aus Natur und Zivilisation, wie sie sich in den antiken Wesen der griechischen Kentauren plastisch verkörpern, den Kentauren, von denen Hölderlin in einem Kommentar zu Pindar anmerkt: »Der Begriff von den Centauren ist wohl der vom Geiste eines Stromes, sofern der Bahn und Grenze macht, mit Gewalt, auf der ursprünglich pfadlosen aufwärtswachsenden Erde. Sein Bild ist deswegen an Stellen der Natur, wo das Gestade reich an Felsen und Grotten ist, besonders an Orten, wo ursprünglich der Strom die Kette der Gebirge verlassen und ihre Richtung quer durchreißen mußte (...) sich Bahn machte, eine Bestimmung annahm ...«
Karl Mickel sieht von solchen mythischen Vorstellungen ausgehend auf den Fluß von heute, der sich immer in Bewegung befindet, vital, unreglementiert inmitten aller Regulierung – Strom wie einst und immer.

Die Elbe

Schwarz die Elbe, Schwemmholz rammt das Ufer
Regenböen treffen graue Eisschollen
Die Böschung ist befestigt, Stein an Stein
Granit und Porphyr von Dresden bis Hosterwitz
Kein Brocken ohne Inschrift, Initialen
Gespeerte Herzen, Hähne auf der Stange
Kratzen sich ein von Dresden bis Hosterwitz.
Die Rillentiefe mißt des Mädchens Keuschheit
Und Furcht, oder Dauer der Fesselung:
Mit lockern Knien die Frauen zwischen Nummer
Und Nummer zwischen Gras und Heu, die Sieger
Eilen, den Triumpf in Stein zu metzen
Die Pause für die Nachwelt nutzend: kenne
Nun den Gleichen wieder! find die Gleiche!
Aus Seufzern Küssen Worten Ein Geflüster
An Einem Ufer gleich jung alle Väter

Und Mütter Söhne Töchter von Dresden bis Hosterwitz
Im dürren Weinberg von den schwarzen Ästen
Träuft der Regen wie ein Schwarm von Kirschblüten:

So sah ich das. Jedoch das exponierte
Material reicht weiter. Männer, Frauen
Vernetzt gekoppelt, schlagen Wellen, Fluß
Neben dem Fluß, der Verkehrsstrom
Reißt, der Interruptus auf der Straße
Und die Menge, wenn zwei Autos sich
Vernichteten, kreist um die Leere
Wie der Strom ums Aug des Strudels wirbelt.
Umgekehrt. Hier Eine liegt am Boden
Gespickt rundum, und Reisig kerbt die Hüfte
Dann ziehen ihre Blicke aus der Leiche
Passanten. Glimmend um die Trümmer
Kreist das Volk von Weixdorf bis Pesterwitz
Sanft wie die Berge neben dem Fluß
(Czechowski) kriechen Bestien in die, aus dem
Zoo, bei Kindern, nach dem Angriff
Achselhöhlen. Und Berufsverkehr
Heißt, daß Der mit Jenem, Der mit Dieser
Es (Sein Wesen) treibt, und jedes Menschs
Verrichtung, wenn nur Eines, und nicht sofort
Ein Anderes die Lücke, wie es, besser
Oder schlechter, ist, füllt, fällt, nicht wäre:
Vgl. auch den Kommentar zu Pindar
Von Hölderlin, Belebendes (Kentauren).

(1978)

Im melancholischen Hain
Ewald Christian von Kleist

1

> Das Lob war nicht zu groß, das mir die Welt beschieden . . .

»Leute, die den Herrn von Kleist, den Tag vor der Schlacht, und selbst den 12ten des Vormittags, als die Armee dem Feinde entgegen marschirte, gesprochen haben, bezeugen, daß er außerordentlich vergnügt und aufgeräumt gewesen sey. Und wie konnte es auch anders seyn? An seinem Charakter hatte Furcht oder Bangigkeit nicht den geringsten Antheil, er war ohnedem gewohnt, in gewisser Absicht das Leben zu verachten, und nie dachte er weniger an dasselbe, als wenn er, unter FRIEDRICHS Augen zu siegen oder zu sterben, die Wahl hatte. (. . .)
Sein Posten als Major verband ihn eigentlich, hinter der Fronte zu bleiben, aber er bedachte sich nicht einen Augenblick, vorzureiten, als er den Commandeur des Bataillons nicht mehr erblickte (der hernach gleichfalls an seinen Wunden gestorben). Das Bataillon jagte eben, nach einigen Salven, ein Bataillon österreichischer Grenadiers mit dem Bajonnet in die Flucht. In der Hitze dachte er nicht einmal daran, vom Pferde zu steigen, wie sonst derjenige, der vor der Front commandiret, wol zu thun pfleget. Er führte augenblicklich sein Bataillon, unter einem entsetzlichen Canonenfeuer von Seiten der Feinde, gegen die vierte Batterie an. Er rief die Fahnen seines Regiments zu sich, und nahm selbst einen Fahnenjunker bey dem Arm. Er war wieder durch eine kleine Kugel in den linken Arm über dem Gelenke, inwärts gegen den Ellbogen zu, verwundet, und konte den Degen mit der linken Hand nicht mehr halten, er faßte denselben also in die schon verwundete rechte Hand mit den beiden letzten Fingern und dem Dau-

men; er commandirte weiter, und war schon auf dreißig Schritte von der neuen zu erobernden Batterie, als ihm durch einen Cartetschenschuß das rechte Bein von drey Kugeln zerschmettert wurde. Er fiel vom Pferde, und im Fallen hatte er noch das Vergnügen, daß das lestwitzische Bataillon gleich nachmarschirte, und zur Seite kam; das edle Vergnügen eines fallenden Befehlshabers! (...)
Bald darauf kamen COSACKEN, nahmen ihm alles, sogar Hemde, Hut und Peruque. Sie würden ihn auch getödtet haben, wenn er nicht mit ihnen polnisch hätte reden können, da sie ihn denn, in der Meinung, daß er ein POLE von Geburt sey, am Leben liessen. Sie warfen ihn an einen Sumpf ins Nasse, und liessen ihn liegen. (...)
In der Nacht fanden ihn einige rußische Husaren, sie zogen ihn aufs Trockene, legten ihn bey ihr Wachtfeuer auf etwas Stroh, bedeckten ihn mit einem alten Mantel, und setzten ihm einen Hut auf; sie gaben ihm auch Brodt und Wasser, welches letztere ihn ungemein erquickte. Gegen Morgen musten die Husaren wieder fort. Einer von denselben wolte ihm ein Achtgroschenstück geben, und da dieses der Herr von KLEIST verbat, so warf es der Husar, mit dem edlen Unmuth eines Kriegers, auf den Mantel, womit er ihn bedeckt hatte, und ritte davon. Die COSACKEN kamen bald wieder, und nahmen dem Herrn von KLEIST alles, was ihm die gutherzigen Husaren gelassen hatten. Er lag also wieder nackend auf der Erde, bis den Vormittag um 10 Uhr ein rußischer Offizier in der Nähe vorbeigieng, (wie man nachher erfahren hat, ist es ein Herr von STACKELBERG, Hauptmann bey der Cavallerie, gewesen) dem er sich zu erkennen gab, und der ihn auf einen Wagen legen, und nach FRANKFURT an der ODER bringen ließ. Daselbst kam er gegen Abend in der äussersten Entkräftung an, und ward ordentlich verbunden.
Des folgenden Tages ließ er sich, auf wiederholtes Ersuchen des Herrn Prof. NICOLAI, dem er seine Anwesenheit hatte wissen lassen, in desselben Haus bringen. Er ward daselbst aufs möglichste verpflegt, und die Aerzte gaben zu seiner Wieder-

genesung gute Hoffnung... Aber in der Nacht vom 22sten zum 23sten sonderten sich die zerschmetterten Knochen von einander ab, und zerrissen eine Pulsader. Er verblutete sich stark, ehe der Wundarzt dazu kommen und das Blut stillen konnte. Man ließ ihm sogleich am rechten Arm zu Ader. Verschiedene Arzneigelehrte sind der Meinung, daß, wenn das Aderlassen eher geschehen wäre, der Kranke hätte können gerettet werden. Doch sey wie ihm wolle, die Vorsicht hatte es anders beschlossen. Der Herr von KLEIST ward zusehends schwach. Der heftige Schmerz verursachte sogar eine convulsivische Bewegungen, doch behielt er den völligen Verstand; und mit der Standhaftigkeit eines Kriegers, mit der Gelassenheit eines Christen starb er, der beste Mann, den 24sten AUGUST früh um 2 Uhr, unter dem Gebete des Herrn Prof. NICOLAI, der ihm die Augen zudrückte.
Die Thränen fliessen mir aus den Augen, da ich dieses schreibe...«
(Aus: Ehrengedächtnis des Herrn E. Chr. v. Kleist von Friedrich Nicolai.)

Sein Schicksal ist Legende, seine Dichtung ist nahezu unbekannt. Verglichen mit seinem berühmten Namensvetter Heinrich von Kleist, dessen Stücke und Novellen jeder Generation wieder als Ereignis gegenwärtig sind, dessen Dasein und tragisches Ende für den Konflikt des Dichters mit seiner Zeit und Gesellschaft paradigmatisch erscheint – K., ein Modell –, erinnert man sich nur selten an den zwei Generationen älteren, der doch in derselben Stadt Frankfurt an der Oder, in welcher der jüngere achtzehn Jahre später zur Welt kam, begraben wurde: Ewald von Kleist, – sein Lebenslauf schon davon gezeichnet, woran der andere stigmatisiert zu Grunde geht: Melancholie, eine preußische Krankheit.
Für Anthologien schon vergessen, in Literaturgeschichten pflichtschuldig »im Kontext der bürgerlichen Geselligkeitsliteratur« des 18. Jahrhunderts referiert, haben sich, angezogen von seiner ambivalenten Erscheinung, vor allem die Dichter

seiner angenommen, treffen sich an seinem Grabstein, Verse skandierend, die sie für unvergleichlich halten:

Die Stürme wüten nicht mehr, man sieht die Zacken
der Tannen
Nicht mehr durch gläsernen Reif; man sieht
im eislosen Bach
Am Grunde Muscheln und Gras und junge
wankende Blumen,
Ein dunkles schwebendes Laub erfüllt den
Buchwald mit Nacht

Gedichte, die sie in ihre geheime Sammlung unverlierbarer deutscher Lyrik aufnehmen, wie diese abgründige elegische Ode »An Herrn Rittmeister Adler«, sich erinnernd der kruden Begebenheiten seines blutigen Sterbens nach der Schlacht bei Kunersdorf. Daran hat sich, wie die zahlreichen dichterischen Nachrufe beweisen, nichts geändert. Und Lessings »wilde Traurigkeit« der Klage: »er hat sterben wollen«, ist nicht verklungen.

Preußens Historie hat die Todeslust aus Lebensüberdruß zum braven Soldatentod herabglorifiziert, weil dieser Major von Kleist so tapfer draufging, wie er es sich und seiner in Versen beschworenen Treue schuldig zu sein glaubte.

»Und find Ehr oder Tod im rasenden Getümmel...« in der einzigen »Ode an die preußische Armee« der friderizianischen Ära, die einen Anspruch auf Poesie machen kann, weil sich ihr Schreiber weder martialisch auf den tyrtäischen Pegasus schwang noch den dumpfen Marschtritt der unterwürfigen Grenadierlieder nachahmte. Weil er sich, im Gesang über sein kriegerisches Handwerk täuschend, in die heroische Vision hineinsteigert, Wahnsinn der Todessehnsucht, wie sie des anderen Kleist »Prinz von Homburg« zum baren Erschrecken des Hofes realistisch vorführt (noch im zweiten Jahrzehnt nach der Niederlage Preußens durch Napoleon wird die Aufführung verboten; Heine schreibt darüber 1822 in seinen »Briefen aus Berlin«).

Ewald von Kleist wußte, wovon er sprach:

O! wer entwirft den Jammer, das Geschrei,
Des Pulvers Grimm, das Winseln und das Sterben
Natur gemäß! Mir sinkt der Kiel aus Scheu
Wer kann mit Blut und Feur die Worte färben?

und konnte sich doch der traurigen Pflicht seiner Herkunft, seiner Erziehung, seines Standes nicht entziehen, die ihn zu dichten und zu handeln zwangen, wo er sich, seiner Natur gemäß, hätte verweigern müssen. Auf seine »Sehnsucht nach Ruhe« antwortet wie Echo »Erderschütterung und Krieg«, der ihm das »Grab-Lied« von den Lippen nimmt: »Wohl dir, daß du gestorben bist!«

Kaum eines seiner Gedichte, das nicht den Zwiespalt kennt, der hier, vielleicht zum erstenmal in deutscher Lyrik, so wahrhaft gewissengepeinigt und naiv-herzzerreißend hinter der tapferen Maske patriotischer Tugend und aufklärerischer Ideale in musterhaft gedachten Metren und Formen aufklafft. Nicht die höchsten Güter dieser Erde, Freundschaft, Liebe, Freude sind davon ausgenommen; das Loblied auf Gottes Schöpfung kann den Schmerz der Welt nicht übertönen oder vergessen machen, der ihm ständig gewärtig ist:

Ein wahrer Mensch muß fern von Menschen sein.

»Was er fliehet, ist in ihm, was er suchet, ist ewig außer ihm; nie kann er den üblen Einfluß seines Jahrhunderts verwinden«, sagt Schiller von Kleist; und man weiß nicht, ob man für Lob nehmen soll, was dabei mehr als Tadel gedacht ist, denn von innerer Harmonie und klassischer Vollendung sind Kleists Verse so weit entfernt, wie uns ihre direkte, treuherzige Art, den Widerspruch des Jahrhunderts mit dem eigenen Verhängnis zu identifizieren und im lyrischen Bild vorwegzunehmen, nahegeht.

Der Tod schien ihm ein Glück, das Leben
eine Strafe,
Und Schwermut foltert ihn sogar im kurzen
Schlafe (...)

(»Emire und Agathokles«)

Mit der Elegie »An Herrn Rittmeister Adler« (ein Freund Kleists, der schon 1745 bei Landshut fiel) schrieb er sich selbst sein Epitaph. Man lese die Interpretation, die Karl Mickel dazu schrieb, und man versteht, wie Heinz Czechowski die scheinbare Antinomie von Leben und Kunst, von Wahrheit und Legende selbst in der Bewegung eines Gedichts zu fassen sucht, in dem sich diese Momente überschneiden und vereinen, Sympathiebezeugung für einen Vorläufer:

Ewald Christian von Kleist

Ohne Hoffnung, daß der Frühling wiederkehre,
Sah er sich im Märzfeld noch im Schnee,
Spürend in den Schultern seine Schwere,
War er eingekreist vom Tode jäh.
Und er wuße: jetzt wird nichts mehr bleiben,
Wie das Eis, das schmilzt auf schmalem Bach,
Wie die Apfelblüten, die im Mai drauf treiben –
Und so ritt er sich aus Träumen wach.
Wie im Wind sie ihre Säbel schliffen –
Pulverschwaden trieben um ihn her –
Fühlte er es plötzlich: abgegriffen
Wie sein Lederzeug war auch sein Leben: leer.
Der bei Landshut fiel und die Erkenntnis
In ihm weitertrieb, wie er es ja erkannt,
War sehr nah, doch blieb ihm kein Verständnis
In der blutlos-leeren, abgetrennten Hand.
Jetzt zum Sterben war er spät geboren,
Die Signale überm weiten Feld
Waren nicht die späte Huld der Horen.
Klirrend brach sein Blick und kalt die Welt.

2

Beglückter Schmerz, der in den Hain mich führte

Ewald von Kleists Biographen meinen, daß er die Anlage zur Hypochondrie von seiner Mutter geerbt hätte. Freilich gaben die Umstände und Wechselfälle seines Lebens wenig Anlaß, ihn dieses Erbe vergessen zu lassen.
Einer alten pommerschen Adelsfamilie entstammend, wurde er 1715 in Zeblin geboren, kam mit neun Jahren auf die Jesuitenschule in Polnisch-Krone, später auf das Gymnasium in Danzig und studierte in Königsberg Jura, hörte daneben Philosophie und Mathematik und las die klassischen griechischen und römischen Dichter. Zu einem Beruf hat ihm das Studium nicht verholfen; ein vom verarmten Vater ihm überschriebenes Gut wirft nichts ab; später im Siebenjährigen Krieg wird es vollends geplündert. Wie der bürgerlichen Jugend die demütigende Hofmeisterstelle, bleibt dem Adligen nur das Los des Soldaten: »1736 wurde ich Offizier in Dänemark auf Zureden meiner Freunde und meines Bruders, weil ich nicht sogleich eine Civilbedienung erhalten konnte und keine Mittel besaß . . .« (Von dem Bruder heißt es, daß er dem Wahnsinn verfiel).
Zur Anwerbung von Rekruten auf Kommando nach Danzig entsandt, lernt Kleist im Urlaub in der Heimat eine Tochter der Freifrau von der Goltz kennen, die er liebt, Wilhelmine. Alle Bemühungen, in den folgenden Jahren eine auskömmliche Stellung zu erhalten, um eine Familie zu gründen, scheitern. Mit der Aufrüstung des preußischen Heeres nach Regierungsantritt Friedrich II. kann er in dessen Dienste treten und geht 1741 als Secondelieutenant in Garnison; »der Name Kleist«, heißt es, »hatte einen guten Klang in der preußischen Armee«, er selbst leidet bald an »der prächtigen Wüste von Potsdam«. Wilhelmine, über zehn Jahre mit ihm ›im Wort‹, ehelicht 1747 einen andern; von den Intrigen, die dabei im

Spiele sind, zehren die Trivialstücke, eine Barnhelm war Wilhelmine sicher nicht; Kleist hat den Verlust nie verwunden.

Verdammtes Glück, das nur die Narren schätzt!
Ich suchte dich, du bliebest mir entzogen.
Die Liebe hat mir Flügel angesetzt,
Umsonst, du bist doch nicht von mir erflogen . . .

O! zeige doch des großen Friedrichs Chor
Den Heldenarm der Feinde starkem Haufen:
Ich schwänge mich alsdann vielleicht empor,
Ich wollte sie mit meinem Blut erkaufen.
Wie würd es nicht vor Ruhm und Liebe glühn,
Und diese Faust dem Tod entgegen ziehn!

Umsonst, das Glück ist wider mich empört,
Mir ist noch nie, was ich gewünscht, gelungen.
Sie hält mich wohl nicht mehr der Treue werth;
Vielleicht hat mich ein andrer ausgedrungen . . .

O golde Zeit! da noch des Goldes Wust
Verachtet ward, was flohst du von der Erden?
(. . .)
Ach! komm zurück, doch gönne mir dabey,
Daß neben mir mein Gleim ein Schäfer sey . . .
(An W---en. Im May – 1744)

Eigentlich liegt in diesen wenigen teils schlichten, teils gestelzt-enthusiastischen Zeilen der Schlüssel zu Kleists Lyrik: Er liebt sein Mädchen, aber besitzen, das heißt für einen preußischen Offizier heiraten, kann er sie nicht (übrigens behielt sich der oberste Kriegsherr eine Entscheidung über den Heiratskonsens seiner Offiziere selbst vor). Sie wird das Phantom seiner Muse, ihm bleibt Karriere oder Tod auf dem Schlachtfeld, wozu über Jahre hinaus genug Gelegenheit sein wird, die goldne Zeit war immer nur Illusion, wie der »güldne Flügel«

der preußischen Triumphe. Das anakreontische Liebes-, Trink- und Schäferlied wird zum Lebensersatz, heitere Vor-Täuschung mit dem bitteren Aroma des Schmerzes über den erfahrenen Verlust. Das nie erreichbare Mädchen geht als Doris, Fillis, Gloris, Lesbia oder Galathee durch die Strophen, deren Versfüße man dem Maß der antiken Oden nachklopft, oft mit rührendem Eifer, ihnen die widerspenstige deutsche Sprache zu verpassen, deren Wohllaut sich manchmal schon mit Anmut durchsetzt:

Der Westwind fliehet Flur und Weiden,
die jetzt verblühn (...)
(»Einladung aufs Land«)

Man verlacht der Schlösser Pracht und feiert das einfache Leben auf dem Lande, die Hütte, »da kein Laster thront« – ideale Tugendbilder, ungetrübt von der Prosa der wirklichen sozialen Zustände in diesem Preußen (Ulrich Bräkers Lebensgeschichte des Armen Mannes im Tockenburg – 1789 – berichtet davon). Und auch der gewandte Taktmeister ist zur Stelle: Tirsis, der Mit-Schäfer auf der blumigen Flur der Ceres, der Freund, Berater, Lehrer, Mäzen, Intimus, ja Stellvertreter für die unerreichte Geliebte, mit zunehmendem Alter von seinen Jüngern als »Vater« apostrophiert: Wilhelm Ludwig Gleim, zentrales Gestirn im Kreis der »anakreontischen, preußisch-patriotischen« Poeten, die mit den Namen der Halberstädter Johann Benjamin Michaelis, Johann Georg Jacobi, Klamer Schmidt und Goekingk, der Berliner Autoren Sulzer, Ramler, Nicolai und der Karschin bezeichnet sind; Lessing behauptet in diesem System seine besondere Konstellation.

Gleim selbst überliefert die Anekdote, wie er den nach einem Duell verwundeten Kleist im Potsamer Quartier zuerst besucht, ihn durch den Vortrag eines eben erdichteten Liedchens so zum Lachen bringt, daß dem die Pulsader aufspringt und seinen lädierten Arm vor dem »kalten Brande« bewahrt; »der Wundarzt rühmte scherzend die Wirkung der Poesie«, für die beiden besiegelt sie den brüderlichen Bund.

Es fällt nicht immer leicht, hinter dem überschwenglichen Pathos und Gebaren der uns überkommenen Briefe und Zeugnisse jener Freundschaftsbünde und Dichterkreise lebendige Kommunikation oder glatten Kult in ihren Nuancen zu unterscheiden, das »sonderbare Gemisch von sentimentaler Verstiegenheit und ceremoniöser Steifheit... ein Schwelgen in fast überirdischen Sphären« (»... denn ich liebe Sie wahrhaftig mehr als alle Mädchen auf der Welt«, schreibt Kleist einmal dem Gleim), »und daneben ängstliche Beobachtung der kleinlichsten Rücksichten...« (Sauer). Was uns heute vielleicht ein Lächeln entlockt, ist doch oft nur die allegorische Staffage, hinter der sich, wie bei Kleist, ein verstörtes Gesicht verbirgt: Irritation gegenüber dem anderen Geschlecht, die sich ins amouröse Getändel verliert, sich schamhaft versteckt, wie »die kleine Fillis im Hain« oder als tugendhafte Idylle in der Treue zum verläßlichen Freund triumphiert, heitere oder heroische Miene zum bösen Treiben der treulosen Welt, in das man hoffnungslos verstrickt ist und das man doch im Saitenspiel »der Dichtkunst, wenn sein Lied ertönte«, hinter sich lassen möchte – »so soll mein Geist sich zu den Wolken schwingen«, erste, naive Züge einer romantischen Sehnsucht nach Erlösung.

Mein Herz ist wund, doch darf ich's nicht bekennen,
Das Glück spricht nein, und meine Seele ja (...)

(»Sapphische Ode«)

Zeilen, die in ihrem Dualismus schon an den frühen Heine denken lassen.

Nicht ohne Devotionen und Tiraden verabschiedet sich diese aufklärerische Dichtung vom Zwang absolutistischen Denkens und von den gelehrten Dogmen ihrer Schulphilosophie und deren ästhetischem Klopfmeister Gottscheid. »Das anakreontische Gegängel«, schreibt Goethe in »Dichtung und Wahrheit« im Rückblick, »ließ gleichfalls unzählige mittelmäßige Köpfe im Breiten herumschwanken... Stand es nun mit den Sachen des Geschmackes auf einem sehr schwankenden Fuße, so konnte man jener Epoche auf keine Weise streitig machen, daß innerhalb des protestantischen Teils von Deutschland und

der Schweiz sich dasjenige gar lebhaft zu regen anfing, was man Menschenverstand zu nennen pflegt . . . Mancher gelangte zur Überzeugung, daß ihm wohl die Natur soviel guten und geraden Sinn zur Ausstattung gegönnt habe, als er ungefähr bedürfe, sich von den Gegenständen einen so deutlichen Begriff zu machen, daß er mit ihnen fertig werde und zu seinem und anderer Nutzen damit gebaren könnte . . .«
Solche Sätze können für Kleist gelten. Dazu verdammt, auf dem preußischen Exerzierplatz Potsdam seinen geisttötenden Dienst zu verrichten, – »mitten unter einem Haufen sehr ruchloser und viehischer Menschen und auf der anderen Seite mitten in der Sklaverei, was soll Einer da gut gleiben?« (Sulzer) – stets gefährdet, an sich selbst zu verzweifeln – »unter den Offizieren ist es eine Art Schande, ein Dichter zu sein« – läßt er seinen gesunden Menschenverstand walten und entwirft in dieser aussichtslosen Situation –

Wohin verführt mich der Schmerz, weicht, weicht,
ihr traurigen Bilder

in einem großen Gedicht »eine Abbildung der Gestalt und der Bewohner der Erde, wie sie sich an einem Tage ohngefähr in der Mitte des Frühlings des Verfassers Augen dargeboten«. Er versucht, was sich ihm bisher nur als Natureindruck, darbot (»Das Landleben«) und als flüchtige Empfindung in der liedhaften Ode zu erhaschen war, in der bewegten Schilderung zu fassen, in der das Dasein im Wandel der Jahreszeiten sichtbar wird, wirklicher Vorgang und Apotheose des Lebens. »Landlust« nennt er das Gedicht, und die ersten Fassungen sind bald in den Händen der Freunde. »Bey seinen täglichen Spaziergängen betrachtete er die Schönheit der Natur, er bemerkte die besonderen Wirkungen verschiedener Aussichten, verschiedener ländlicher Auftritte und Begebenheiten. Diese pflegte er im Scherze seine poetische Bilderjagd zu nennen« (Nicolai), mit der er »sich dadurch Männern seines Standes gegenüberstellte, die mit der Flinte im Arm auf Hasen- und Hühnerjagd, sooft sich nur Gelegenheit zeigte, auszugehen nicht versäumten« (Goethe).

Das Gedicht »Der Frühling« (Gleim hat diesen Titel vorgeschlagen), 1746 begonnen, fünf Jahre danach in seiner ersten Fassung, später, ständig überarbeitet, in wiederholten Ausgaben gedruckt, in fremde Sprachen übersetzt, hat Kleists Ruhm in seiner Zeit begründet und ihm einen bescheidenen Platz in der deutschen Literatur gesichert.
Die lyrische Beschreibung der märkischen Havellandschaft –

Durchkreuzt von blühendem Flachs. Feldrosen-
 Hecken und Schleestrauch
In Blüthen gleichsam gehüllt, umkränzen
 die Spiegel der Teiche
Und sehn sich drinnen (...)

die hier zum erstenmal, mit Gesträuch und Getier, nicht Allegorie oder Kulisse bleibt, sondern in vielen anschaulichen Szenen sinnlich-frisch ersteht, wird in ihren besten Stücken Gesang auf die Natur und die Schöpfung:

Die Lerche steigt in die Luft, sieht unter sich
 Klippen und Thäler;
Entzücken thönet aus ihr. Der Klang des wirbelnden
 Liedes
Ergätzt den ackernden Landmann (...)

Das – freilich noch immer idyllisierte – »fröhliche Landvolk«, fern von den »güldnen Kerkern der Städte« wird gegen die Paläste »des hohen Pöbels im Purpur« ins Feld geführt:

Allein der frässige Krieg, von zähnebleckenden Hunger
Und wilden Scharen begleitet, verheeret oft Arbeit
 und Hoffnung
(...)
Komm Muse! Laß uns die Wohnung und häusliche
 Wirtschaft des Landmanns
Und Viehzucht und Gärte betrachten (...)

Ja, in einer Passage steigert sich die Meditation über den Lauf der Dinge in die Vorstellung, die uns – im Kostüm aufklärerischer Unschuld – als utopisches Aufbegehren so fremd nicht ist:

Was wünscht ihr Väter der Menschen noch
 mehrere Kinder! Ists wenig

Viel Millionen beglücken? Erforderts wenige
Mühe?
(. . .) Verwandelt die Schwerdter
in Sicheln,
Belohnt mit Ehren und Gunst, die, deren
nächtliche Lampe
Den ganzen Erdball erleuchtet; Setzt Gärtner
zur Baumschul der Menschen.

Sicher ist nicht gesellschaftskritische Betrachtung Stärke des Gedichts, sondern sein sentimentaler Charakter, nicht die Idee und Anlage des Ganzen überzeugt, sondern das spürbare Empfinden seines Sprechers, »im einzelnen uns durch naive Schönheit zu rühren«, verbunden mit dem innigen Bestreben, die selbstgesteckten Grenzen zu überschreiten und im Reich der Poesie »die Harmonie und den Frieden« zu finden, »den er in der moralischen Welt vermißt« (Schiller).

Ach! wär auch mir es vergönnt in euch, ihr
holden Gefilde
(. . .) ihr stillen Häuser
des Friedens
Gestreckt in wankende Schatten am Ufer
schwatzhafter Bäche
Hinfort mir selber zu leben, und Leid
und niedrige Sorgen
Vorrüberrauschender Luft einst zuzustreuen!

Das Gedicht, angeregt durch die »Jahreszeiten« des Engländers James Thomson (»The Seasons« 1728), die Kleist in seiner Vorrede des Verfassers bescheiden als unnachahmbar erwähnt, kaum denkbar ohne Einflüsse der Lyrik von Brockes und Hallers Lehrgedicht »Die Alpen«, setzt, gleichzeitig mit Klopstock, den Hexameter im deutschen Vers durch: »diejenigen, denen diese Versart nicht gefällt, werden ersucht zu vergessen, daß es Verse sind, und das Gedicht wie Prose zu lesen.«

Als Dichtung ist der Frühling nicht zu dem Kunstwerk gereift wie »Die Jahreszeiten« des Litauers Christian Donelaitis

(»Metai« – 1775), das durch seine Realistik, ganz aus der Sicht des Bauern, zum unvergänglichen Volksepos wurde, das am Beginn der litauischen Literatur steht. Wir kennen die »Jahreszeiten« von Haydn (1801), der für sein Oratorium Texte von Thomson verwendete, und Klopstocks »Messias« als großer Versuch zum deutschen Nationalepos, das hochgelobte, kaum gelesene Werk.
Klopstock war es, der Kleists Gedicht, das seine »ganze Seele bewegt«, seiner Fanny zu lesen gab, und Klopstock war es auch, der mahnte: »Kleist muß nothwendig sein Gedicht vollenden. Der König könnte wieder zu Felde gehen. Nach dem Gedanken, daß Kleist bleiben könnte, wäre mir nichts trauriger als die Vorstellung, daß auch seine »Landlust« unvollendet wäre« (an Bodmer 1749). Die Ahnung war berechtigt. Kleists »Frühling« ist Fragment geblieben.

3

Du wirst nicht mehr Auroren sehn . . .

»Es war am 28. August, eines Sonnabends früh gegen 5 Uhr, als der König auf dem Paradeplatz in Potsdam zu Pferde stieg, die Truppen eine kleine Schwenkung machen ließ, sich dann an ihre Spitze setzte und den Weg nach der sächsischen Grenze einschlug. Das Regiment des Prinzen Heinrich wurde von dem Inhaber selbst befehligt . . .«
Mit einer Genreszene, munter und putzig, wie nach den populären zeitgenössischen Bilderbogen zu Anekdoten aus dem Leben des »Alten Fritz«, beginnt der Siebenjährige Krieg, der blutigste in der Geschichte Preußens. Ewald von Kleist, als Offizier völlig im Banne »unseres tapferen und weisen Friedrich, weiß: »Ich bin in diesem Schachspiele nur ein Fußgänger; ich werde aber doch um mich schlagen, so gut ich kann. Aber nach Potsdam muß er mich nicht mehr in Garnison stecken . . . sonst nehm ich lieber den Abschied.« Er sieht als Fortune, was

uns wie Spott klingen könnte, aber Ironie steht ihm weder im Leben noch in der Kunst als Waffe zur Verfügung, er gibt sich ganz einer Sache hin, ganz seinem Schmerz.
Es ist einfach eine Gegebenheit seiner Art Existenz, daß er die Potsdamer Kaserne nur zweimal für längere Zeit verlassen konnte: 1752, als er für ein knappes Jahr zur Rekrutenwerbung in die Schweiz geschickt wird – über die Praktiken des preußischen Soldatenkaufs sind wir aus dem Munde des Schweizers Ulrich Bräker gut unterrichtet –, und 1756, als es in den Krieg geht, aus dem er nicht zurückkehren wird. »Ich glaube, daß ich einmal noch im Himmel ein Sklave sein werde und nicht werde hinreisen können, wo ich will . . .«
Damals in der Schweiz hatten ihn Bodmer und Breitinger, die Häupter der »Critischen Dichtkunst« (1740), als den Autor des »Frühling« begrüßt:

Auch hab ich Kleisten gesehn, auf Zefirs
duftenden Flügeln
Dem Lenze folgen durch Garten und Feld.

Er hatte Freundschaft mit dem jüngeren Gessner geschlossen, dessen Idyllen er anregt: Er widmet ihm seinen »Irin« (1757), eine Verserzählung in reimlosen Jamben, deren »sanfte Schönheit« mit den kriegerischen Ereignissen seltsam kontrastiert, nicht mit den Auffassungen von Pflichterfüllung, Tüchtigkeit und Nächstenliebe des Offiziers Kleist – verinnerlichte »preußische Tugend«:

Und weine mit den Weinenden,
Und gib von deinem Vorrath gern
Den Armen; hilf so viel du kannst,
Zum Wohl der Welt; sey arbeitsam.

Kleist beschreibt Gleim ausführlich die Kampagnen und Positionen auf dem Kriegsschauplatz und gibt ihm Material für die bald als fliegende Blätter anonym erscheinenden »Preußischen Kriegslieder in den Feldzügen 1756 und 1757, von einem Grenadier«, zu deren Buchausgabe Lessing den »Vorbericht« verfaßt, »daß sich unsre auswärtigen Leser nicht an Dingen stoßen werden, die der Verfasser als ein Mann sagt, der die

Gerechtigkeit der Waffen seines Königs voraussetzen muß«, und er lobt den »ernsthaften Ton« der volkstümlich-drastischen, glorifizierenden, balladesken Bardengesänge:

Was kannst du? Tolpatsch und Pandur,
 Soldat und Offizier?
Was kannst du? fliehen kannst du nur;
 Und siegen können wir.

(Schlachtgesang vor der Schlacht
bei Prag am 6. Mai 1757)

während er doch gleichzeitig – schließlich hatten die Preußen auch schlimme Niederlagen hinzunehmen – die patriotischen Übertreibungen mit Entsetzen sieht: »Vielleicht zwar ist auch der Patriot bei mir nicht ganz erstickt, obgleich das Lob eines eifrigen Patrioten, nach meiner Denkungsart, das allerletzte ist, wonach ich geizen würde; des Patrioten nämlich, der mich vergessen lehrt, daß ich ein Weltbürger sein sollte« (Brief an Gleim vom 16. 12. 1758).

Natürlich wird man solche Sätze bei dem preußischen Offizier Kleist nicht finden; aber in dem entstehenden Streit zwischen Lessing und Gleim, bei dem er als Vermittler wirkt, hat Lessing seine Sympathie. Die Schlußworte des Königs aus Lessings Trauerspiel »Philotas«: »Umsonst haben wir Ströme Bluts vergossen; umsonst Länder erobert... Glaubt, ihr Menschen, daß man es nicht satt wird?« – liest man in seinem »Grablied« so:

Allein, du wirst auch nicht mehr sehn,
 (...) daß ein Tyrann
Die Ferse, freigebornem Volck
In den gebognen Nacken setzt,
das ihm Tribut und Steur bezahlt.
 (...) Der Erde Punckt
(Samt Pestilenz und Krieg und Noth)
Flieht unter deinen Füßen fort.
(...)
Wohl dir, daß du gestorben bist!

Außer seiner »Ode an die preußische Armee« (1757), die

Kriegsnot und Siegesruhm, Cäsarenlob und Todesbereitschaft ertönen läßt, hat er kein Schlachtlied angestimmt. Ramler empfiehlt er: »Sie müssen nun bald eine Ode auf den König machen. Ich täte es gern; aber ich bin schon zu alt und kein Poet.« Sein früh konzipiertes Gedicht »An den König« ließ er, im Fragment, zu Lebzeiten nicht an die Öffentlichkeit.

Der Winter 1757/58 – Kleist ist, inzwischen zum Major avanciert, als Kommandant des Feldlazaretts nach Leipzig beordert – sieht ihn im Kreise der leipziger Dichter um Christian Felix Weise in philosophischen Disputen; er gewinnt die Freundschaft Lessings.

Korrespondenzen zwischen beiden sind kaum erhalten. Aber Lessing adressiert die 1759 in Berlin bei Nicolai erscheinenden »Briefe, die neueste Litteratur betreffend« an einen Herrn von N*, »ein verdienter Offizier und zugleich ein Mann von Geschmack und Gelehrsamkeit«, den »Langeweile und ein gewisser militärischer Ekel vor politischen Neuigkeiten« trieben, »bei den ungern verlassenen Musen eine angenehmere Beschäftigung zu suchen« – herzliche Reverenz für Kleist und zugleich eine treffende Charakterisierung des Zustands, in dem dieser sich befindet. Er widmet Lessing die Idylle »Milon und Iris«, die Begegnung hat eine neue schöpferische Phase bei ihm ausgelöst.

Zwar kann uns das larmoyante Trauerspiel »Seneca« kaum noch etwas bedeuten (»ein warnendes Beispiel für alle, die ohne innern Beruf aus dem Felde der musikalischen Poesie in das Gebiet der bildenden sich verstiegen«, kritisiert Schiller). Auch sind uns die Gesänge von »Cissides und Paches« nur deshalb merkwürdig, weil sie zeigen, daß in die Antike versetzte Helden preußischen Vorbilds, selbst bei ehrenwerten Motiven ihres Erfinders, der monströsen Apologetik nicht entgehen (»Man wird schwerlich ein anderes Gedicht nennen können, in welchem so viele große und schreckliche Szenen in einem so engen Raum zusammengepreßt werden«, urteilt Lessing). Daß Kleist mit allen Mitteln versucht, Langeweile und Ekel zu vertreiben, die ihn wie Schatten verfolgen, daran ist nicht zu zweifeln. Pläne für eine Gesamtausgabe seiner Poesien, die der geschäftige Gleim besorgen will, für die Herausgabe einer moralischen Zeitschrift »Der neue Aufseher«, für die er schon Mitarbeiter wirbt, sprechen dafür; er hat nie so viel geschrieben wie in diesen Jahren. Er dichtet die eigenartigsten seiner Verse: das »Grablied«, dem er, wie Antithese oder trotzigen Widerspruch ein »Geburtslied« folgen läßt, apokryphe Gebilde zwischen den harmonischen Idyllen und letzten Hymnen.

In sich fast überstürzenden Versen, Jamben, die sich kaum noch an einen festgelegten Takt halten und jede bisher geübte Odenstrophe einfach übergehen, läßt er zur Sprache kommen, was ihm, zu leben, Lust und Schmerz bereitet (der junge Hölderlin schreibt ein ähnliches Gedicht »Die Bücher der Zeiten«). Und weiß er wirklich, was ihn da auf Erden hält, eben dieser Schmerz, der macht, daß wir die Freude fühlen; eben diese Lust, die uns den Schmerz erst spüren und ertragen läßt?

Ihn foltert Schwermut, weil er lebt! –

Vers mit Ausrufezeichen und Gedankenstrich.

Im Frühjahr 1758 geht Lessing nach Berlin; Kleist sagt: »Leipzig gefällt mir nun gar nicht mehr (...) Herr von Brawe [ein junger Dichter, den er schätzt] ist todt, und Herr Weiße krank (...) nun ist es Zeit, daß ich marschire ...«

In seinen letzten Briefen vermacht er Ramler und Lessing, »den ich ungemein wegen seines Genies, Vernunft und unvergleichlichen Conduite estimire«, je 100 Taler, und er hofft, nach der Kampagne »gleich nach Hause zu gehen. Ich kann mit Honneur nicht dienen; denn mir sind über 50 Majors vorgezogen worden (...) Ich ärgere mich darüber so wenig, daß ich vielmehr recht lustig darüber bin. Wie will ich Kohl und Mohrrüben pflanzen und Alleen und Hecken und Blumen!«

Die zeitgenössischen Kupfer und auch das Ölbild, das Gleim für seinen Musentempel in Halberstadt von dem Maler Hempel anfertigen ließ, zeigen ihn mit einem hohen Barett auf dem Kopf, das verleiht ihm einen kühnen Ausdruck. »Er hatte das

Ansehn eines Soldaten, aber es war ihm natürlich, und er suchte nicht, es sich zu geben.«
In der Schlacht von Kunersdorf vom 12. August 1759 – Cäsar Friedrich sprach von der furchtbarsten Krise seines Lebens – hatten die Preußen schreckliche Verluste. »Von den 49000 Mann, die an der Schlacht beteiligt waren, blieben 19000 tot oder verwundet auf dem Schlachtfeld.«
Kleist, so wird erzählt, hatte vor der Schlacht einen Traum: »ich war gar nicht dabei, ich weiß aber auch nicht, wo ich war. Wäre ich nicht geweckt worden, vielleicht hätte ich mehr von mir geträumt.«

(1981)

Die gebrochene Ode
oder: Training des aufrechten Gangs
Zur Lyrik Volker Brauns

Rechtfertigung des Philosophen

Aber Marx wußte was er sagte, was weiß ich?
In diesem neunzehnten Jahrhundert, voll
Von nackten Tatsachen, und keine Kunst
Die sie auffraß, sah man noch durch
Auf den Tag, an dem die Ketten reißen.
Was immer kommen mußte, schrecklicher
so rettender wars. Das hätte schwächeres Fleisch
Befeuert fortzudenken. Die große
Gewißheit der Klassiker und die langen
Gesichter der Nachwelt. Wohin soll ich denken?
Nach vorn immer durch den Vorhang von Blut
Der Blick auf die Kulissen und nicht hinter.
So viele Kunst und hat nichts zu bedeuten.
In der Vorstellung verbrauchen sich die Köpfe.
Was immer kommt ist besserschlechter oder als.
Was mir die Augen, öffnet nicht die Lippen.

Die sichtbaren Veränderungen, die nicht nur im Tonfall der Gedichte sondern im Denken der Dichter vor sich gegangen sind – eine grassierende Desillusionierung der Vorstellung von Wirklichkeit und Geschichte in den Köpfen der Zeitgenossen – Volker Brauns Gedichte aus den letzten Jahren zeigen sie wie eine transparente Folie: Verse disparater Gedanken, Verse gebrochener Gefühle und betroffener Zäsuren: »Was mir die Augen, öffnet nicht die Lippen«. – Suchten andere Autoren das allgemeine gesellschaftliche Dilemma in der Parabel zu treffen, Metaphern der Bitterkeit, berechtigter Enttäuschungen, demonstrativer Aversion oder resignativer Mahnung, ging Braun das Übel konkret an, stellte sich, stellte sich in Frage, streitbar und damit angreifbar. Sagten andere: »Nein«, sagte er »Ja, aber«. Einseitigkeiten sollten seine Sache nicht sein, zumindest möchte er sie, soweit es von ihm abhängt, zu seiner Sache nicht machen, selbst nicht in einer Zeit, die außer schwarz und weiß keine Farben gelten lassen will: »Womöglich war es mein Fehler/daß ich mich nicht entschloß/ in Schwarz zu gehn oder ganz in Weiß/zu den vorgeschriebenen Stunden.«

Weder Resignation noch Ressentiment scheinen ihm jetzt angemessen, weder lange genug geübte Zusage noch trotzige Absage, wie wir sie nicht selten lesen. Nur der Vers geht ihm nicht mehr glatt von der Zunge, der fällt, sich selbst unterbrechend, ständig mit wenn und aber ins gültige Wort; schwierige Selbstbehauptung hält ihn lebendig, Leben, das durch Widerrede und Zweifel sein tägliches Recht fordert. Er liest wieder in den Briefen Georg Büchners: »Der Gedanke, daß für die meisten Menschen auch die armseligsten Genüsse und Freuden unerreichbare Kostbarkeiten sind, machte mich sehr bitter«, und er kommentiert:

»Wie wenig, in dieser engagierten Gesellschaft Geborgenheit, gemeinsame Freude . . .«

Der jugendliche Elan, den man emotional-ungestüm und messianisch die Versperioden vorantreiben sah, dieser Elan ist längst einer nachdenklich-stockenden Nüchternheit gewichen, die nur Stufen der Erfahrung gelten läßt:

Um nicht zu stolpern, falln den Hals zu brechen
Hinab und hinauf, die Knochen schneller
Als der Verstand, oder viel verstehend
Hocke ich da, lachend über die Gangart
Der Mitbürger auf demselben Terrain
Das sie trickreich bewohnen. Was zum Teufel
Kratzt mich untern Sohlen auf dem Marsch
Ins Morgen. Gestern wußt ichs aber heute
Muß ichs lernen. Stufen (. . .)

Diese Stufen gehst mühsam, manchmal holpernd hinauf oder

auch wieder hinab wie im Gleichnis vom Besteigen hoher Berge, und die einstige Verheißung ist nur noch ein geflügelter Satz:

Wir, die wir einst nichts zu verlieren hatten
Als unsere Ketten, aber eine Welt zu gewinnen
Fragen uns nun erbittert:
Was haben wir gewonnen?
Was ist das für eine Welt?

Solche Fragen grundsätzlich gestellt, nicht Äußerungen gekränkten zeitweiligen Unmuts oder achselzuckender Abkehr, können so absolut nicht mehr beantwortet werden, schon gar nicht mit formelhaften Argumenten, ideologischen Sprüchen, selbstermutigenden Slogans, wie sie auch Braun einst gern hatte. Das selbstgemute »Wir« früherer Gewißheit spricht sich im monologisch abwägenden oder den Dialog mit einem Andressaten suchenden Vers vorsichtiger als »ich« aus, ein Ich, das sich allerdings nicht außerhalb von Gesellschaft sieht, im Gegenteil. Je mehr es sich zur Gesellschaft kritisch stellt, ihr nur um so peinigender verbunden und verkettet ist es:

Ich den alles trifft und der alles vergißt
Ich begegnete mir in der erregten Menge
(...)
Ich der alles trifft und den alles vergißt
Mit dieser offenen Wunde in den Gedanken.

Dieses Ich verleiht sich selbst ein Statut seiner Dauer und Hinfälligkeit, und das Statut gleicht allen zeitlich beschränkten Statuten von Organisationen oder Parteien – es vergeht mit ihren Zwecken. Brauns Gedichte sind jetzt weder aufrufend noch meditierend, weder traurig noch optimistisch, weder linientreu noch revisionistisch – sie stehen jenseits solcher beschränkten Kategorien.

Manche werden über den Autor den Kopf schütteln, daß er sich noch immer oder noch immer wieder mit den »brennenden Fragen unsrer Bewegung« (Lenin) herumschlägt, andere werden ihn – wie immer – verdächtigen, daß er es auf diese freimütige, direkte Weise tut. Daß er für seine Vorstöße Rück-

schläge in Kauf nimmt, taktische Rücksichten, Rückzüge, die nicht elegant aussehen, wenn er noch eben radikal vorgebrachte Schlüsse wiederum zur Position stellt – wer wirft auf ihn den ersten Stein?
Brauns Gedicht entsagt der geschlossenen Form, sein Sprecher verweigert sich der Lockung ins metaphorische Alibi – er kann sich aus den anstehenden Konflikten nicht heraushalten bei Strafe seines Talents, das Gedicht ist ihm »Material« für den »Stoff zum Leben« – so nennt er einen Zyklus, geschrieben 1975/76, in welchem die Verse selbst in die erregte Debatte eintreten, in lyrische Prosa, in den dramatischen Dialog; es ist vielleicht das elementarste Stück seiner Dichtung überhaupt, ein mit bohrender Selbstbefragung vehement vorgetragener Text, der eben aus den bisher geübten Formen gerät. Klassische Zitate sind dem Text einmontiert, auf Zitate wird mit tatsächlicher Erfahrung allergisch reagiert.

Material II: Brennende Fragen

Früh um fünf im *Train Bleu*
Zwischen den schwarzen leeren europäischen Hügeln
Der Mann und die Frau, seine Hand an ihrem Leib.
Die Dämmerung rollt in die nassen Wiesen
Ihre Körper gleiten auf den Schienen nebeneinander
Und berühren sich auf dem Schotter der Masten
Plastikmüll quietschende Bremsen (was brauche ich
An Stoff für dieses *berührende* Gedicht?)
Fahl ein Streif fließt in ihren Augen und wächst
Nach oben, sie wirft sich zurück
Ins Polster gepreßt, seine Hand noch immer
Oder ein Bach aus der Landschaft springt über Geröll
(. . .)
Mit zuen Augen, die *schöne Bourgogne:*
Durch die Scheiben fällt Wasser durchsichtig grau
Mit Muscheln und Kies, ein sinnliches Meer
Von Dächern und Fensterflügeln, in die Sonne bricht

Unvermutet. Die Bäume und Stangen
Greifen in ihre Brüste in ihren Schoß
Während Frankreich verschwimmt, oder wie hieß das Land?
Felder von durchdringendem Licht und sieben Himmel
Vor den Augen nichts, aber das alles in ihr
Rast durch sie, sie krümmt sich, sie schluchzt
Sie öffnet die Augen um acht auf die fremde
Stadt: unter den Gleisen rasselnd. Was hat sie gesehn
Von der Landschaft? nichts (aber was sah sie denn?
Was ist ein Gedicht: auf dem weißen internationalen
Papier, ein Stoff
Zum Leben?) sie lächelt hinaus (...)
Was fühlst du
in der Umarmung?
Die nackten Tatsachen *Für einen Kuß*
In der ›Stunde der Politik‹ (›des Werkleiters‹, ›der
Klassik‹)
Die Intensivschicht
in der Mundhöhle, die Stellungnahme
(Du bist blaß, Luise?
Es ist nichts. Du bist ja da. Es ist vorüber.)
Mit der Zunge
das Geschlecht streicheln, die Berichte
Das Kollektiv
eine bleibende Empfindung
›Du bist nicht bei der Sache‹ – ›Wo du dauernd quatschst‹
(Willst du mir ein Glas Limonade zurecht machen.)
EVP –, 53, Flaschenpfand, Plandiskussion
Im offenen Fenster die Abgase, die *brennenden Fragen*
in deinen Augen, und die Fernsehscheiße!
›Mußtn immer was aussetzen‹. – ›Hatn angefang!‹
›Ich habs satt wenns kein Spaß macht‹ – ›Denkst wohl mir‹.
›Wenn du mir nie zuhörst‹. – ›Immer dein Mist‹.
›Du liebst mich nicht‹.
es folgen die Spätnachrichten.
(Die Limonade ist matt wie deine Seele – Versuche!

Wendet sich, sobald sie das Glas an den Mund setzt, mit einer plötzlichen Erblassung weg und eilt nach dem hintersten Winkel des Zimmers.)
›Dann gehch ebn fremd‹ – ›Ich halt dich nicht!‹
(Die Limonade ist gut.)
Die Worte Schwanz, Brust etc.
Überhaupt Worte (Reizwörter, Sprach-
Regelungen, Memoranden zwischen den Zeilen
Zu entziffern) haben mehr Wirkung
Als die Dinge
warum? weil sie verdecken
Verallgemeinern, vervielfältigen
weil sie verdecken was fehlt
Was fühlst du? So vieles geschieht
zu zweit
Ist die Welt am deutlichsten, unausweichlich
(Wenn du meinst was ich meine). (So meine ich es doch nicht.)
(...)
Schluß! sage ich, um bei der Sache zu bleiben
In diesem Gedicht im kühlen Abend
ruhen, auf den Rückenwirbeln
Auf dem Bett, in der Mundhöhle
In den Möglichkeiten
im offenen Fenster
So vieles geschieht! Schluß!
und das *Einundalles*
Ist nichts ohne das andere
Kannst du nicht schweigen?
das fehlt, das Ganze
Das zwischen uns liegt (was fühlst du jetzt?
Ich kann es nicht sagen.)
das Gerücht der Gedichte
Im offenen Fenster
rußig, undeutlich
Erheben sich die Fragen

In Zeitungspapier gewickelt, namenlos
Ist das die Möglichkeit?
                                        die *brennenden Fragen*
Unsrer Bewegung
                              auf dem Bett, auf dem Materialsektor
Undeutlich, unglänzend durch Anwesenheit
In deinen Augen   in den Worten
            die ich darüber verliere.

Diesem Zyklus sind als Motto Verse aus T. S. Eliots »The Wast Land« vorangestellt – nach den in der DDR üblichen Attakken gegen diesen als dekadent verschrieenen Apologeten des Spätbürgertums allein schon eine Blasphemie. Und blasphemisch geht Braun hier generell seinem Stoff zu Leibe, travestiert in Material I Goethes berühmte Zeile »Wie herrlich leuchtet mir die Natur« nicht nur durch poetische Brechungen, sondern indem er sie strikt durch die eigene Daseinssituation in Frage stellt: Wie im Zeitraffer wechseln Szenen, Gespräche, Kommentar und Zitat, sinnlicher Akt mit abstrakter Reflektion, um die brennenden Fragen der Zeit in ihrer Bewegung zu erfassen.
Solchen Situationslyrismen werden historische Begebenheiten entgegengesetzt, Material IV gibt am Beispiel Che Guevaras die tödliche Problematik aktueller Historie:
»Die Suche nach dem Stoff (zum Schreiben, zum Leben), um gegebenenfalls den Tod zu finden« – sie wird selbst Struktur dieser Texte, um die »Mechanismen des Zeitalters auseinanderzuschrauben, die Beziehungen zu zerfasern nach dem geheimen Blut der Geschichte.« Wir können hier nur Fragment-Zitate für einen großen Zusammenhang geben. – Im prosaischen »Höhlengleichnis« schließlich stoßen wir im Schlußsatz auf das Motiv, das seinem neuen Gedichtband den Titel gibt: »Aber in dieser Zeit begann ein neues härteres Training, des schmerzhaften und wunderbaren aufrechten Gangs.«
Dieser Satz zielt auf einen wichtigen kritischen Aspekt. Ernst Bloch, bei dem Bild und Begriff vom aufrechten Gang philo-

sophisch interpretiert werden – er erscheint schon in Herders »Ideen zur Philosophie der Geschichte« –, entwickelt ihn bei Betrachtung des Naturrechts und gibt ihm eine utopische Größe. Bloch sagte 1965 in einem Interview dazu: ». . . daß das Naturrecht, das Recht auf menschliche Würde, vom Bürgertum in der Aufklärung ausgebildet, nicht in den Marxismus hineingekommen ist. Die sozialen Utopien betrachtet Engels als Vorstufen zum wissenschaftlichen Sozialismus, das Naturrecht dagegen, das (. . .) die kämpferische Ideologie für die Herbeiführung und Ermöglichung von aufrechtem Gang ist, das ist nicht aufgenommen worden (. . .) Die Abschaffung des Zustandes, in dem es Mühselige und Beladene gibt, das ist das Thema der sozialen Utopien gewesen, dann das Thema des wissenschaftlichen Sozialismus. Dagegen die Abschaffung des Zustandes, in dem es Erniedrigte und Beleidigte gibt (was eine ganz andere, nicht ursächlich getrennte, aber doch andere Sphäre darstellt), diese Art Abschaffung ist nicht theoretisch vom Marxismus durchdacht worden. Infolgedessen haben wir heute praktischen Anschauungsunterricht schrecklicher Art, daß die bloße Vergesellschaftung der Produktionsmittel nicht die Springquellen des gesellschaftlichen Reichtums in Gang setzt (. . .) Die staatskritischen Prämissen (. . .) – dieses: Wie rette ich den einzelnen Menschen vor dem Staat? sind nicht zu Ende gedacht worden (. . .) Also das Subjektive nicht als ein Ersatz für die materiellen gesellschaftlichen Kräfte, sondern als der zweite Akt, der zugleich im ersten Akt, in der ökonomischen Bewegung mit enthalten ist, damit das Leben gesellschaftlich in Ordnung kommt und es nicht zwei Arten von Menschen gibt, Herren und Knechte . . .«

Ist es zu früh. Ist es zu spät

Der Sommer ist vor der Tür.
Die hellere Zeit. Und starr noch
Blüht alles, die Gedanken. Wie wenig frei
Gehn wir aus uns, und hängen
In unsern Häusern. Und was sind das für Genossen

Ungleich selbst, und dulden die Räubereien
Hinter den Meeren
Oder Preußens Pfützen.

Ist es zu früh. Ist es zu spät.

Ein Loch brechen in die Reden
Und sehn, wie wir uns selbst
Zu gemalten Männlein machen. Unter die alten
Töpfe schmeißen, aus denen wir ewig
Fressen, daß wir nicht reif sein
Uns zu geniessen. Das Freudigste
Im Zorn sagen
Um bei Sinnen zu bleiben.

Ich kann es nicht anders machen.

Braun hat diese selbstkritischen Erwägungen Thomas Müntzer gewidmet, weil ihm die Historie ständig Muster für die eigene prekäre Lage zu bieten scheint. Er notiert beim Lesen der Briefe Georg Büchners: »Wir ehren Müntzer, wir ehren Heine, wir ehren Lenin und wissen kaum, von wem wir reden. Diese Leute, gestehn wirs nur ein, sind noch immer kaum zitierbar (...) Müntzer: Sein Prager Manifest ist nicht so gänzlich verjährt, wie unsere Umarmung glauben machen will; man stelle den Mann nur auf die Bühne mit seiner ›ausgedrückten Entblößung‹, und er wird abgesetzt werden vor der ersten Vorstellung. Lenin: Das bloße Hersagen seiner Aprilthesen eine Provokation, das Aufzählen der Mitglieder seines Politbüros ein diplomatischer Skandal. Und das schreibe ich im sozialistischen Preußen und Sachsen; im kapitalistischen Hessen oder Bayern sind das noch Unpersonen (...) Wahrlich, die Losung der Ulbrichtzeit hat ihren Sinn: wir haben diese Leute überholt, ohne sie einzuholen.«
Wer so spricht, weiß, daß eine deckungsgleiche Identität des Verses mit der wirklichen Gefühls- und Bewußtseinslage nur

annäherungsweise zu erreichen ist, wenn Alternativen in der Realität fehlen.

Welche Verwüstung, welche Erbauung
in meinem beliebigen Kopf

Und dieser Kopf, ist durchaus nicht beliebig, sondern nur wie jeder andere den oft sich selbst widersprechenden Widersprüchen ausgesetzt, auf denen er eigenwillig beharrt gegen die übliche verbreitete herrschende »im Kopf wohlgeordnete Welt«.

Wie mich dieses beliebige Jahr
getötet hat und belebt
Und entwaffnet bis an die Zähne . . .

Wie sie verkommen ist meine Freude
Erstochen von blanken Worten
Und wie sie überlebt wie eine zähe Katze
Überlebt und vor die Hunde geht
Und immer noch in mir zappelt . . .

Womöglich war es mein Fehler
Daß ich mich nicht entschloß
In Schwarz zu gehn oder ganz in Weiß
Zu den vorgeschriebenen Stunden.

Ich denke, wir gehören zu einer aussterbenden Art
Die es verlernt hat, sich gelten zu lassen
Und fröhlich fröhlich zu sein
Oder traurig

Und ich bin ein beliebiger Mensch und nicht zwei
Und dies zerreißt mich
Und das ist mein Fehler.

Sicher: Dieser beliebige Mensch ist nicht auswechselbar, wie ein beliebiges Jahr kein x-beliebiges ist, sondern wie die Vorkommnisse konkret; Vorkommnisse, die sich allerdings mit ihren harten Konflikten zwischen denkendem Individuum und funktionaler Gewalt auch in der sozialistischen Geschichte zäh wiederholen: Der Mangel an real existierender Freude. Volker Brauns Gedicht »Der Müggelsee« jedenfalls, das ein bekanntes Muster aufnimmt und gleichzeitig zerstört, ist unschwer nach den Ereignissen vom November 1976 zu datieren, die nicht nur Freunde auseinanderrissen:

Aber am schönsten ist
Von des schimmernden Sees Traubengestaden her
                                        in der Zeit Wirre
Die die Freunde verstreut roh
Vom Herzen mir, eins zu sein
Mit seinem Land, und

                                                            Gedacht
Mit Freunden voll das Schiff, fahre ich
Fort in dem Text, den der Ältere
Verlauten ließ, an einen anderen Punkt.

                                    und auf den Bänken Bernd
Still lächelnd, Reiner, geblecktes Gebiß
Wolf schreind ein freches Lied
Und wir säßen im selben Boot

Auf der selben Welle noch, vor welchem Ufer
Ist mir egal und sei es getrockneter
Mist in Preußen, du kämest, Freude

Volles Maß auf uns herab!

Aber ich fahre hin, an den dunkleren Punkt
Der Geschichte, der ein froh Gesicht
Verzieht zur Fresse, und die beschämend
Schöne Natur geschenkt

und Sarah vom siebzehnten Stock
Stürzt über die Mauer, ihr Liebes-
lied voll Raben! Raben!
Schwarz, unter Wasser.

Geblähte Fahnen. Aber aus dem Kahn
Kippen sie, die der Kurs fremd
Ankommt, oder von sturen
Schlägen gewippt in die Brühe.

Fröhliches Wasser

Und sie gehen unter
Aus dem freudigen Text in den bitteren hier
Den ich knurre, ein Gram
Nicht des Schweißes wert.

Klopstocks Ode »Der Zürchersee« von 1750 gilt als Beispiel der Hymne auf Natur und Freundschaft, mit der sich einst bürgerliches Selbstbewußtsein im Vorfeld künftiger Revolution im Gesange freispricht, der »Freude volles Maß« in neuer Sprache zu feiern. »Schön ist, Mutter Natur, deiner Erfindung Pracht...«: Die Zeile steht am Beginn einer Epoche deutscher Lyrik. Klopstock beschreibt eine Fahrt auf dem Zürichsee, im Boot die Freunde, die bei Namen genannt werden, die Lieder der nicht anwesenden Freunde singend, und die Göttin Freude selbst ist mit ihnen – Freude, die Schwester der Menschlichkeit. Unsterblichkeit aber ist die Sehnsucht der Fahrenden – ein großer Gedanke, des Schweißes der Edlen wert, wenn ihre Lieder – wie es ja nun eingetroffen ist – noch von den Enkeln gekannt werden: »O so bauten wir hier Hütten der Freundschaft uns!/Ewig wohnten wir hier...«.
Braun, den Nachgeborenen am märkischen Müggelsee, der sich der Ode Klopstocks erinnert, sind freilich solche wohlgefügten Zeilen heute verwehrt. Die Fahrt mit den Freunden im Boot – er nennt sie, wie Klopstock einst, bei Namen – ist nur

noch eine Fahrt, gedacht in der Phantasie. Nah sind sie ihm nur noch in diesem bitteren Text, der oft mitten in der Zeile jäh abbricht – »verstreut roh vom Herzen mir«, die Freunde Bernd Jentzsch, Reiner Kunze, Wolf Biermann – von gemeinsamer Fahrt und Freude ausgeschlossen. Brauns Verse, von Klopstock vorgegeben, vorgegeben ihr harmonisches Maß, stocken mitten im Takt:

Aber am schönsten ist
eins zu sein
Mit seinem Land, und

Der Hymnus auf die schöne Natur ist nicht möglich. Harmonie von Umwelt und Bewohnern gestört, Freundschaft nicht realisierbar mehr, sondern Vision. Gesang bitterer Text, nicht des Schweißes wert. Und aus der Unmöglichkeit der vollkommenen Ode, aus der schroffen Absage, entsteht ein anderes Gedicht, das uns nun durch diese Verstörung berührt: Freundschaft dauert im gebrochenen Vers.

Wie hieß es doch: »Was mir die Augen, öffnet nicht die Lippen«. Was ihn sprechen läßt, ist mit Händen nicht mehr zu greifen, das Gedicht ist Instrument der Utopie. Einer Utopie freilich, die nicht frei in der Luft schwebt, sondern sich auf die Kenntnis historischer Entwicklungen beruft. Braun notiert bei der Lektüre von Briefen Georg Büchners:

»Ich studierte die Geschichte der Oktoberrevolution und watete durch das Blut der dreißiger Jahre. Ich sah mich gegen eine Wand von Bajonetten wandern. Ich spürte die Tinte der Lügen brennend auf meiner Haut (. . .) Die Fragen zu fragen, gestern tödlich, heute ein Schnee. Der Gesamtplan der Wirtschaft, das Tempo der Industrialisierung, der Sozialismus in einem Land: »die Partei ist kein Debattierklub« – aber die Geschichte diskutiert die Fragen zuende. Viele Verräter von einst wortlos rehabilitiert durch den Gang der Dinge. Ein Gang blutig, hart, irrational: solange wir geduckt gehn, blind, unserer Schritte nicht mächtig. Die sinnlosen Opfer, weil wir die Gangart nicht beherrschen (es gibt notwendige Opfer), »Personenkult«, die feige Ausrede, die alles erklären soll, ein Augenauswischen. Statt einzuhalten im fahrlässigen Marsch, das Gelände wahrzunehmen, die Bewegung zu trainieren. Das Training des aufrechten Gangs.«

Aus solchen Erwägungen beziehen Brauns neue Verse ihre unbequeme Dialektik – Dialektik, von der man so viel redet, und die doch so schnell ideologisch-positivistisch-pragmatisch-dogmatisch-realitätsfremd und beiseitekritisiert wird, ihr Sprecher ein Abweichler, auf den man mit Fingern zeigt, wie auf den Ketzer Giordano Bruno:

Schwieriger Umgang mit dem Abweichler
Es hilft nicht, die Instrumente zu zeigen:
Er hat sie beschrieben.
Er beharrt, auf seinem feindlichen Standpunkt
Daß sich die Erde bewegt
Die Vernehmer glauben sich zu verhören
Im Knast agitiert er die Mönche
Als wüßten sie nicht wo Gott wohnt
Die Folter verfängt nicht: er singt ein Tedeum
Wohin mit ihm? die Hölle nimmt ihn nicht auf
Verbrennen wäre die Lösung, doch die ist nicht neu.

Brauns Gedichte sprechen eine deutliche Sprache, die aber unsere Deutung verlangt, das heißt unsere Mitsprache, denn darauf ist er aus. Er, den alles trifft und der es ablehnt, die verordnete Miene zu tragen zu den vorgeschriebenen Stunden, er, der auf die Geräusche seines Landes hört wie auf den eigenen Schrei, in die eigene Stille, ein beliebiger Mensch, mit uns vertrauten Ängsten und Hoffnungen, ein Dichter, der gesteht:

Ich sehe alles ein. Ich lebe gern.
Arbeite esse rede. Aber was
Ist das woran mein Kopf stößt (. . .)

Ein beliebiger Mensch, der sich selbst eine Satzung zu geben sucht, seine Irrtümer zu begründen, diese Arbeit, die ihn zerreißt. Der Prozeß dauert an.

Statut meiner Dauer

Ich bewege mich auf dem Boden der Gesetze
Gewiß doch, ihr Lieben!
Meines Herzens, das in jedem Körper schlägt
Legal und zerstörerisch, unzüchtig und sanft.

Ich vereinige die wirkliche Sehnsucht
Und die wirklichen Küsse
Die Verzweiflung und die Detonationen
Der Sinne.

Vor allem aber, entgegen dem äußeren Anschein
Versammle ich in mir
Die Freude, den unbedenklichen Stolz
Das Aufatmen bei der Ankunft
Der Wahrheit.

Seht ihr, ich kann nicht reden von dem
Was ich schon weiß: nur von dem, was ich entdecke (. . .)

Wie heißt es doch in Ernst Blochs Schrift »Naturrecht und menschliche Würde« am Schluß: »Der rote Glaube war immer mehr als Privatsache, es gibt ein Grundrecht auf Gemeinde, auf Humanismus, auch politisch und im Zweck. Dazu war das fordernde Recht unterwegs. Die Eunomie des aufrechten Gangs in Gemeinsamkeit; nicht nur der Kunst ist der Menschheit Würde in die Hand gegeben.« Auch davon sprechen die Gedichte Volker Brauns.

(1979)

In eigener Sprache schreiben
Carlfriedrich Claus und seine Sprachblätter

1
Voraussetzung: Durchbruch durch acedia

> Daß es so leicht ist, nichts mehr tun zu wollen.
> Daß es uns so schwerfällt, wirklich nichts zu tun.
> (Ernst Bloch)

Was kann der einzelne ausrichten?
Ich weiß nicht, ob die Frage am Anfang aller Schreibbemühungen steht. Daß sie ständig gestellt wird, ist kaum zu leugnen.
Das weiße Blatt vor mir. Der Blick durch ein Fenster in gleiche, in wechselnde Land- und Ortschaften, aufs Vorhandene oder Nirgendwohin. Blick der zurückkehrt, und die Hand setzt zur ersten Zeile an, Finger tippen auf der Maschine Silben, Worte, Wortverbindungen, laut gesagt oder hingemurmelt, mit den Buchstaben gegen die Leere fixiert, Mitteilung, Nachricht, Botschaft für andere.
Immer beginnt es so. Und einmal möchte man an den Ursprung gelangen, zurück oder vorausorientiert, wo und wie es begann und immer wieder neu geübt wird, Vorgang unserer Gattungsgeschichte seit den Steintafeln der Sumerer, den wir täglich bedacht oder bedenkenlos ständig vollziehen: schreiben.
Trägheit, lateinisch acedia, der wir alle unterliegen, alltäglich, allein vor dem leeren Blatt, sie hinnehmen, uns gegen sie auflehnen. Von Thomas von Aquin bereits als Gefahr erkannt und als Todsünde gegeißelt. Zustand, den schon die alten Buddhisten reflektierten, ob Versenkung und Meditation denn auch Tun sei, oder, wie man heute sagt, Lethargie, uneffektives Verhalten, Gleichgültigkeit, die üblichen Modebegrif-

fe. Acedia schließlich als Desinteresse überhaupt, Gegenpol zu dem Erwartungsaffekt Furcht, die als Beunruhigung doch Anteilnahme ausdrückt, Aufregung, Betroffenheit. Die Gedankenkette läuft. Vorstellungen und Bilder stellen sich ein, wollen artikuliert werden: Durchbruch durch acedia.

Das Blatt mit diesem Titel liegt vor mir: Schraffuren, mit spitzer Feder in schwarzer Tusche ausgeführt, die Figurationen entstehen lassen, Zeichen, Symbole, lesbare Sätze. Und ich sehe ihn sitzen an seinem Tischchen, blaß, müde und wach zugleich, zwischen Büchern und Briefen, Zeitschriften und Zetteln, Stapeln und Staub, anschreibend gegen Vergänglichkeit, »acedia mit dem Sog des Nichts in sich«, sagt er, »antikontemplative Meditation« als Gegen-Satz dazu, der »Stachel der Arbeit«. Und ich kann, das Blatt aufnehmend, das Gespräch mit ihm beginnen.

Beschreibungen sind Annäherungen, nicht mehr, aber auch nicht weniger. Sie bedienen sich der Vergleiche mit Bekanntem, Überliefertem. Was aber, wenn diese versagen?

Das Blatt – ich lege es auf einen weißen Grund – wird in seinem Zentrum von einem wachen Auge beherrscht, von dem, wie in einem Magnetfeld, alle Striche und Linien auszugehen scheinen, so daß Umrisse und Substanz aller entstandenen Gebilde sich aus diesen Strichen herstellen. Das Auge blickt uns an, von ihm gehen konzentrisch gestrichelte Kreisbahnen, treffen sich in einem Fixpunkt über der Braue, genauer: über der speergleichen Schreibfeder, die ich über dem Auge als Braue sehe.

Links oben im Blatt schickt ein zweites, pupillenloses Auge einen roten Dreistrahl – einzige Farbe auf dem Blatt – durch den Körper eines zierlich sich nach unten reckenden vogelhaften, insektenähnlichen Wesens, das ein eigenes Bezugsfeld wie ein Netz gespannt hat, mit ihm verwachsen ist, selbst Instrument, dessen Saiten von seinem Kopf angerührt werden; der dreifedrige Schwanz des gespannten Körpers bis in die äußere linke Blattecke steil aufgerichtet. Im Hintergrund aber – die Bezeichnung ist ungenau – die ganze obere rechte Blatthälfte ein-

nehmend, hockt, grau gestrichelte Masse, ein wiederum am ehesten einem dicken Vogel verwandtes, großes Geschöpf auf mächtigem, angewinkeltem Schenkelbein, den breiten, schwarzen Schnabel in den zierlich sich reckenden Körper stoßend, den roten Dreistrahl treffend.
Unwillkürlich hebt man das Blatt und kann unter dem wachen Auge im Zentrum in Handschrift lesen:
der wille
          im blick
                    bewegt die trägen
                              stofftrakte
                               der anderen seite anderer
                                                  blick
Die Schrift wird erst im Licht vollends deutlich. Das Blatt, zeigt sich, ist transparent und von beiden Seiten beschriftet. Was ich bisher als Hintergrund sah, ist die Rückseite, die, gegen das Licht, das hockende, große Vogeltier schwarz hervorkommen läßt, von gleicher Gewalt oder gar mächtiger als das unter ihm wachende Auge: Beide Blattseiten vereinen sich erst jetzt zu einem Bild, weil sie sich ergänzen, ihre Figurationen zueinander in direkte Beziehung bringen oder sie voneinander abgrenzen. Wachheit und Drohung, könnte man meinen, in gleicher Stärke anwesend.
Ich bediene mich, wie man merkt, herkömmlicher, von tradierter Zeichenkunst geprägter Bildvergleiche und ›sentimentaler‹ Interpretation, welche die Eigenart dieser Zeichenschrift unzureichend wiedergeben, sie ist mehrdeutig, ein anderer Betrachter kann sie anders lesen.

gewebe bewegung: gegensätzlich gerichtete sätze

entziffert man, wie als Antwort auf offene Fragen, die zwischen menschlichem Auge und Vogeltier auf der Rückseite des Blattes notierten Worte, die erst bei der Durchsicht lesbar werden. Blatt – dessen Rückseite ganz von dem nun die linke Bildhälfte einnehmenden Vogel besetzt ist, so daß das wache Auge der Vorderseite nur schwach durchdringt, der rote Dreistrahl blaß; grau sich abzeichnend, da ebenfalls Hintergrund, das zierlich sich reckende Wesen, fast verschluckt, wären nicht Segmente seines Leibes auch von dieser Rückseite her mit gezeichnet. Halte ich das Blatt – vierte Ansichtsmöglichkeit – von dieser Rückseite her gegen das Licht, vereinen sich beide Schichten wieder völlig.

Habe ich meinen Eindruck exakt wiedergegeben? Ich weiß es nicht. Schon eine veränderte Reihenfolge in der Beschreibung kann ein anderes Bild hervorrufen, andere Assoziationen und Schlüsse. Man kann darüber streiten. Der Titel des Blattes provoziert weitere Auslegungen. Man ist gereizt von der Seltsamkeit der Arbeit, auch – um es einmal so zu nennen – von der grazilen Schönheit, die sie ausstrahlt, von der rätselhaften Schrift wie auf alten Palimpsesten, den figurativen Phantasiegebilden. Und man möchte etwas über die Entstehung erfahren, über Ursache und Sinn, um es sich weiter anzueignen.

Durchbruch durch acedia. Abstumpfung und Gewöhnung sind gemeint, Banalität und Konformismus, die von Blick und Bewegung, von Frage und Gegenfrage gebrochen werden – ein gedanklicher, emotionaler Vorgang, der sich zeichen- und bildhaft ausspricht, so daß man ihn mitvollziehen kann.

Freilich kann das Gespräch hier schon abbrechen, braucht – ach, man weiß es nur zu gut, auch von sich selbst – gar nicht erst aufgenommen zu werden, wird man von dem Impuls nicht berührt. Wie einem eine Zeichnung nichts zu sagen braucht, wie ein Blick nicht trifft, eine Inschrift nicht beachtet, ein Brief nicht gelesen, ein Ruf nicht gehört, Kunst nicht wahrgenommen wird.

Denn, sagt Carlfriedrich Claus, nach dem Blatt befragt, »das acedia-Problem ist kein subjektivistisches. Im Konsumverhalten ist es akut, bleibt da als Gefühl des Höllischen, des Gefangenseins in Erstarrung – und aus diesem Gefühl heraus: der stets mögliche Aufbruch durch Spüren des Willens und der Konzentration, unterschwellig, oft überlagert... Nebenerscheinungen beim Durchbruch durch acedia« (1974). In gelernter Schriftsprache kaum zu beschreiben. In herkömmlichen Bildern nur schwer zu entwerfen.

2
Ausgangspunkt – starting point

> . . . ein Wort, mit all seinem Grün,
> geht in sich, verpflanzt sich,
> folgt ihm.
>
> (Paul Celan)

Wann beginnt einer zu schreiben?
In Gedanken zuerst. Man hat das Bedürfnis, sie vor sich zu sehen in ihrer aus der Vorstellung herbeigerufenen, nun in Zeichen materialisierten Gewalt. Die Buchstaben sind vorgegeben, aber wie ich sie einsetze und kombiniere, liegt bei mir. Mein Einfall sucht sein Wort.
Ich schreibe also. Ich lese. Das Fenster gibt Auskunft oder verweigert sie. Ein Buch definiert, was ich sehe.
Ist, was mir in den Sinn kommt, Erinnerung oder spontane Eingebung, Äußerung meines Gefühls, meines Verstands?
Steht am Anfang meines Schreibens ein Wort, ein Begriff, eine Vision? Ein Thema – psychisches Moment als Reaktion auf Abläufe innen, Reize von außen?
»Der Satz tritt zögernd auf«, lese ich bei Claus, »durch erlernte, objektive, doch subjektdurchsetzte Schreibbewegung der Hand, von einem der beiden Schreib›zentren‹ der Rinde gesteuert . . . schriftwerdende Rede . . . Sprach-Figur . . .«
Denn Arbeitsbeginn heißt hier, etwas zu Papier zu bringen, das bisher noch nicht sicht- und benennbar war: schwierige Expedition in das Grenzgebiet von Sprache und Schrift: wie Sprache beim Denken sich bildet, Schrift sich aus Sprache in Zeichen offenbart. Ein Experiment ohne Modell, ohne Vor-Bild, wenn auch von vielen Voraussetzungen motiviert, angestoßen und gesteuert. Zwischenbereich, in dem Wissenschaft und Philosophie, Psychologie und Kunst sich berühren, abstoßen, kulminieren. Schöpferischer Akt, ausgelöst von Erkenntnis oder Idee, von Traum oder sinnlicher Erfahrung. Und nicht eine der genannten Möglichkeiten interessiert ihren Au-

tor – klassifiziert man ihn nun nach wissenschaftlichen oder künstlerischen Kriterien als Schriftsteller oder Zeichner – sondern die allen Bewußtseinstätigkeiten mögliche Erscheinungsform in der ihm vollziehbaren Struktur – ein desperates Unternehmen.

»Schrift ist nicht nur Informationsvehikel, auch sie selbst... sendet Signale aus, strukturelle Informationen.«

Gerät man mit Claus darüber in Disput, führt er exaktes Wissen an, belegt umfassende Kenntnisse kühl mit Quellen und Zitaten, die er nach jahrelangen Vorbereitungen und Studien sicher parat hat, ein weit gefächertes System, dessen sprachwissenschaftliche, psychologische, kunsthistorische Aspekte in seinen »Notizen« und »Zwischenbemerkungen zur experimentellen Arbeit« aufleuchten, weil er jeden Schritt mit strenger Akribie zu erklären und zu begründen sucht. Das Verfahren hat seine eigene, mehr wissenschaftliche denn spekulative Nomenklatur, bedient sich des oft in schwierigen Perioden verzweigten Fachjargons, gegen den man sich wehrt und doch wieder auch aufnimmt, um dem Autor auf der Spur zu bleiben.

Wie also ansetzen und wo? Bei den ersten Versuchen, »Klangtexte« in »Schriftbildern« festzuhalten?

Das war 1951, als Claus sich zum ersten Male mit Phonetik befaßte, er, als Kaufmannsgehilfe im elterlichen Geschäft für Bürobedarf und Kunsthandel angestellt, spricht, in der »Nachfolge der Lautgedichte«, poetische Texte auf Tonband oder sucht sie, der Artikulation gemäß, mit der Schreibmaschine ins Schriftfeld zu transponieren.

Oder geht man weiter zurück bis in die kindliche Isolation in einer deutschen Kleinstadt der Nazizeit, die ihn früh geprägt? »Unsicherheit und Angst« begleiten ihn zur Schule, weil seine Eltern nicht mit dem herrschenden Regime übereinstimmen und alles auf die persönliche Erziehung des einzigen Kindes konzentrieren, das, während die Altersgenossen Karl May lesen oder im Kino ihre Abenteuersehnsucht stillen, schon zu philosophischen Büchern Zuflucht nimmt und in verbotener

Kunst eine Gegenwelt zur wirklichen und ihrer rauschhaften Entstellung erblickt: Kandinsky und Klee, El Lissitzky und Picasso – schöpferische, kühne Phantasie und klare Konturen moderner Kunst.

Es muß eine ungewöhnliche Kindheit gewesen sein, voller geistiger Spannungen, die der Frühreife mit anderen nicht teilt, seinen Drang sich zu äußern aber in einer Weise staut und anstachelt, daß er, nur mühsam zurückgedrängt, Alltag und vorgeschriebene Verhaltensnormen sprengend, frei wird, um dem Heranwachsenden zur Identität zu verhelfen.

Ideen, Farben und Formen verursachen ihm körperliche Erregung und Erfüllung. Das auf sich verwiesene Dasein verlangt dringlich nach geistiger Kommunikation. Claus findet sie in Literatur und Kunst, die auf ihn oft stärker wirken als das Leben der Umwelt. Fähigkeit und Leidenschaft, sich einer erkannten Aufgabe hinzugeben, bis man von ihr völlig eingenommen ist, psychisch und physisch wie von Lust und Schmerz, scheinen zeitig angelegt und lassen verständlich werden, wie es ihm gelingt, völlig mit einer Sache zu verschmelzen, die er, ganz allein auf sich gestellt, unternimmt.

Als Autodidakt von üblicher Künstlerexistenz und Kunstpraxis entfernt, verbrauchter Ideologie so wenig verpflichtet wie beflissener Kunstdoktrin, sucht er nach dem adäquaten Ausdruck für seine Position in Welt und Gesellschaft. Gesellschaft, die er eher nach ihren progressiven Entwürfen und Utopien beurteilt denn nach ihrer Realität. Auf der Suche nach einem eigenen Weg ist er den meisten seiner Generation voraus.

Claus vertieft sich in die Schriften von Marx, Engels und Lenin, liest sie wie notwendige Klarstellungen, nicht wie Lektionen, liest Paracelsus und Thomas Müntzer, die lurianische Kabbalah und Jakob Böhme, Bibel und Laudses Tao-te-king. Er begeistert sich für alle Unternehmungen neuer Kunst und studiert die alten Schriftsysteme der Menschheit, die chinesische Begriffs-Schrift, das Hebräisch der Thora, die Mystik alter tibetanischer Bildwerke. Er steht in Briefwechsel mit dem

avantgardistischen Experimentator Raoul Hausmann, mit dem Kunstkritiker Will Grohmann, später mit Henri Kahnweiler, dem Freund und Kunsthändler Picassos.
Entscheidend für ihn wird die Auseinandersetzung und der Gedankenaustausch mit Ernst Bloch.
Was zunächst als Versuchsreihe mit dem Instrument Sprache und Schrift – neue Sprechweisen, rindengesteuerte Letternpunktik – gestartet wurde, in Kontakt zur konkreten Poesie, wie sie sich in den 50er Jahren herausbildete, wird bei Claus zu einem Unternehmen, das sich mit Fertigkeiten und Überraschungen im Sprachlabor nicht begnügt. Der »Artikulationsspielraum« (Franz Mon), den er durch seine »Exerzitien« gewinnt, ist ihm nicht Ziel, sondern, wie es sich später zeigt, nur Mittel zum Zweck, seine ganze Persönlichkeit in diesen unerforschten Bereich zwischen »objektiv erlernter und subjektdurchsetzter« Schriftsprache einzubringen und auszusagen. Eine Ausgangssituation ist die autonome Schreibbewegung selbst, die – »durch einen glücklichen auslösenden Zufall« – nicht mehr über das Medium der Maschine (Stenotypie oder Druck), sondern direkt durch die Hand – »den experimentellen Gebrauch der Linken und der Bewußtwerdung dessen, was dadurch ins Augenlicht kam« – aufs Papier trat, die Erregungskurve von Fühlen und Denken in ihrer Entstehung unmittelbar während der sprachlich-schriftlichen Formulierung. Starting point: »gedankengesteuertes Schreiben . . . innere Rede . . .«: sichtbar werdender Bewußtseinsprozeß.
Er läßt sich an den Arbeiten von Carlfriedrich Claus seit Ende der 50er Jahre plausibler ablesen, als ich ihn abstrakt und trocken registrieren kann, weil er Blatt für Blatt, wie nach folgerichtiger Logik – so jedenfalls kann man es von heute aus beurteilen – Stufe für Stufe anschaulich entwickelt wird.
Die kleine, verwinkelte Wohnung hinter den Gloria-Lichtspielen in Annaberg-Buchholz im Erzgebirge, die er von der Mutter geerbt hat und zäh verteidigt – die Möbel mit den gedrechselten Kugelsäulen erinnern an die letzten Dezennien des 19. Jahrhunderts und kontrastieren merkwürdig zu den Fotover-

größerungen seiner Blätter an den Wänden –, wird zum Startplatz für ein – man soll es ruhig so kolportieren – einzigartiges Versuchsfeld, das er – »isoliert, aber verbunden mit den gesellschaftlichen Vorgängen« – in den nächsten Jahren nach verschiedenen Richtungen hin ausmißt.

Die ersten »Vibrationstexte« (1959) – wie habe ich sie einmal mißkannt – folgen noch linear, ein Wort oder einen Satz variierend, in wellenförmigen Zeilen verlaufend und deshalb stereotyp erscheinend, dem mehr motorischen als bewußt durchlebten Schreibakt, »sprachlicher Vorstellungsstrom, Schreibbewegung und mitlaufendes Lesen des erscheinenden Geschriebenen sind gleichzeitig und wirken aufeinander« (D. Mahlow).

Aber die Schriftzeile führt bald über den Rand, die Begrenzung des Blattes hinaus, wird auf der Rückseite weitergeführt. »Die Leere da, rückseitig, hat bereits einen Geschmack (...) von der realisierten ›Vorder‹-Seite her (...) das isoliert gedachte und betrachtbare Einzelblatt, leer oder ›beschrieben‹, impliziert eine andere, ›räumlichere‹ Daseins-Dimension.«

Auf durchsichtigem Papier nun, zuerst auf Luftpostpapier, das gerade zur Hand war, später auf Pergaminpapier, wie es die technischen Zeichner benützen, erhält er bei den Vibrationstexten schon verschiedene Zeilenfelder, die sich im Gegenlicht, wenn auch noch deutlich voneinander abgesetzt, doch berühren.

Der Bann der Ein-Seitigkeit ist gebrochen. Die Transparenz ist gefunden.

Ich weiß nicht, ob dem sich unermüdlich an sein Werk heranschreibenden Autor die Tragweite solcher Er-Findungen mit allen Konsequenzen sogleich absehbar war. Und ich hüte mich dabei, das Wort ›bewußtwerden‹ zu gebrauchen, weil ja kaum ein Künstler wie er jede Phase seiner Arbeit, jede Fassung, jede Stufe durchdenkt.

Folgerichtig probiert er, was die Feder zu einem Begriff wie »Wortstamm« (1959) hergibt: sich auch zeichnerisch (um es von nun an so zu definieren) entfaltende, nicht mehr nur hori-

zontal der Zeile gehorchende Abläufe, sondern flächenhaft, sich auch in die Vertikale erstreckende Strukturen, die – wie in diesem Fall – dem Begriffsbild ›Stamm‹ nachgehen.
Es entsteht das eigentliche »Text-Blatt« (1959), nicht mehr nur von vegetativer, wenn auch kontrollierter Emotion gesteuert oder vom Bildbegriff allein ausgelöst (wie etwa die aus einzelnen ›Gliedern‹ sich formende ›Gruppe‹ der »Wortfamilie« – 1959), sondern von vorgefaßtem, erinnertem und assoziierendem Denken her inspiriert: der sinnbeladene, inhaltsschwere, semantische Text. Nicht mehr nur der ›wertfreie‹, mit dem Instrumentarium ›Wort‹ an sich operierende Sprachtest fasziniert (»Poetische Syntax in Relation zu Prosa«, 1959. – Welche Syntax, welche Prosa?). Es treten vielmehr weltanschauliche Überlegungen mit in den Schreibvorgang ein, sind starting point oder beziehungsreich das Thema des Blattes.
Claus erläutert es später so: »Ein philosophisches Problem, ein geschichtlicher, auch tagespolitischer Vorgang, ein psychologisches Phänomen interessiert, erregt, packt mich. Ich versuche dann, es gedanklich zu durchdringen, es zu analysieren, es ideologiekritisch, parteilich zu bewerten ... Ich lese also, mache mir Notizen, Auszüge, halte die Schritte der Aneignung und Durchdringung nur in Stichworten fest. Bis ich einen Punkt erreicht habe, der starting point wird ...«
Es ist sicher nicht möglich, aus der Reihe der Versuche die Arbeit von Claus herauszufinden, mit der er endgültig aus dem Stadium des poetischen Sprachlabors ausbricht, um mit dem Vehikel seines Schreibens auch seine Ideenwelt in ihrer ganzen Kompliziertheit ›darzustellen‹. Der selbständige Weg dorthin war unumgänglich – die Resultate werden auch später immer wieder durch ›zweckfreie‹ Kontrollversuche in Frage gestellt.
Aber schon das Blatt »Erinnertes Gedicht eines jüdischen Mädchens« (1958/59), ausgeführt mit chinesischem Pinsel in Tusche auf weißem Papier, von großem graphischem Reiz, hält sich an Zeugnisse, die den Autor so betroffen haben müssen, sie mit seinen Intentionen noch einmal wiederzugeben.

Das »Regenblatt« von 1959 geht den Eindrücken des Wortes ›Regen‹ nach, teilt jedoch zugleich etwas von der Konsistenz wirklich spürbaren Regens mit, wie in der Musik Hanns Eisler mit Hilfe von Tönen das Element zu beschreiben versucht.
Claus will alle auftretenden Wechselwirkungen zwischen der Gegebenheit Sprache und sich selbst als schreibendem Subjekt auskundschaften, und Entwürfe intensiver Bemühungen um ein Thema wie »Beginn der Thora« (1960) weisen schon im Titel über die bloße Selbstverständigung mit dem Objekt Sprache hinaus.
In einem ebenso impulsiven wie wissensgespeisten Schreib-Denk-Prozeß entsteht als visuelle Form das *Sprach-Blatt*, speech sheet, wie es Carlfriedrich Claus seitdem als seinen Beitrag zu Literatur und Kunst auf alle Modifikationen und Varianten hin durch- und ausschreibt.
Claus resümiert:
»Schrift (= Sprachtextträger) ist (wie das Signalsystem Sprache selbst) zugleich Abbild; sie bildet ›ihre‹ Menschen, bildet sie aber gleichzeitig auch ab . . . etwa: das magische, das mythische, das rationale Welt- und Selbstbewußtsein des Stammes, der herrschenden Klasse . . . zum anderen den späteren subjektiven Modus darin: die rückwärtige Landschaft des Ichs, das die angenommene Schrift schreibt, sich ihrer bedient. Schriftzeichen sind so Schlüssel . . . wie Spiegelzeichen dessen, was als ›Ich‹ durch das Auge blickt . . .«
Man fängt an, in eigener Sache zu schreiben.

3
Sprachdenken – Bildsprache

> Das Wort vom Zur-Tiefe-Gehn,
> das wir gelesen haben.
> Die Jahre, die Worte seither
> (...)
> weißt du, was sich in dein Aug schrieb,
> vertieft uns die Tiefe.
>
> (Paul Celan)

Wie gelingt es mir, meine Gedanken so hervortreten zu lassen, daß sie meine Erwartungen, wenn sie ihnen schon nicht entsprechen, doch nicht enttäuschen?
Dem Schreibenden sollte der Zweifel vertraut sein.
Ich blicke auf mein Blatt, lese, was ich schrieb, verwerfe, ergänze, indem ich mich an Gelesenes erinnre – Gunst des rechten Zitats an der richtigen Stelle – schreibe weiter, weil mich die leere Seite stört, das unzureichende Wort ärgert.
Dazwischen die Pausen der Schreibhemmungen. Nur der Zufriedene ist zu beneiden, oder er ist naiv.
Claus – ich erwäge, mich in seine Lage zu versetzen – ahnte wohl, worauf er sich eingelassen hatte. Sein Projekt erforderte absolute Selbstbesinnung, wie man sie heute kaum noch hat. »Für konzentrierte Arbeit und hinsichtlich meines labilen Gesundheitszustands ist dieser abgelegene Wohnort ... ausgezeichnet.« Auf die Teilnahme Gleichgesinnter – wir alle gingen unseren Beschäftigungen nach – war wenig zu rechnen, nur partiell auf Verständnis, sicher war ihm das Mißtrauen der nächsten Umgebung. »Wie ich allgemein eingeschätzt werde: als armseliger, arbeitsscheuer Kaufmannsgehilfe ... kein Geld, keine Frau, kein Diplom, nicht mal ein Bauch«, kaum Gesprächspartner am Ort. Er zieht sich auf seine Arbeit zurück, beschränkt sich bedürfnislos auf das Notwendigste bis an den Rand des Zuträglichen, asketischer Liebesentzug. Er war dazu veranlagt.

Auf ausgeglichene Ernährung achtet er wenig; der Körper rächt sich für die unsachgemäßen Mahlzeiten hin und wieder mit Verstimmungen und Krankheiten (wie sie die betriebsamen Zeitgenossen auch befallen). Die Entbehrungen bringen ihm aber auch Zustände von Euphorie, wenn er sie genießt oder bei einem Essen, einem trinkfreudigen Gespräch unter Freunden plötzlich durchbricht. Er schätzt die gelegentlichen Geselligkeiten und Freuden, die anderen schon banal sind.

Den Lebensunterhalt verdient er sich durch Transskripieren alter Noten zum heutigen Gebrauch, eine penible Abschreiberei, und durch den gelegentlichen Verkauf einzelner Blätter an Freunde und Sammler. Blätter, von denen er sich eigentlich nicht trennen will, da sie – nicht reproduzierbar – für immer fehlen. Aber sie öffneten ihm den Zugang zur internationalen Kunstszene der visuellen Poesie.

Oft spricht er tagelang mit keinem Menschen, lernt jedoch jede Regung seiner Sinne, jedes Reagieren zu registrieren: »Da entstehen tatsächlich Affektlandschaften, Umwandlungen vor allem von Gehör-, Tast- und Gleichgewichts-Wahrnehmungen ... die mich ob ihrer Intensität immer wieder irritieren, beunruhigen, anregen ...« und die schöpferische Anwendung provozieren.

Der tägliche Weg zur Post – Selbstabholerfach – ist manchmal der einzige Ausflug aus der selbstverordneten ›Clause‹. Briefe lesen, Briefe beantworten die lebenswichtige Verbindung, das Radio sein Ohr zur Welt. »Dadurch daß meine gesellschaftlichen Kontakte mehr indirekter Natur sind, ist es wohl leichter, die langsam geschehenden positiven Veränderungen zu erkennen«, Lebenshaltung als Therapie.

Offen erschließt er sich im Gespräch unvoreingenommen, arglos, möchte er sich selbst dem Unwilligsten verständlich machen, daß seine Texte weder Code noch Geheimsprache seien – ein Verdacht, dem er sich schon ausgesetzt sah –, daß er aber auf die Teilnahme, ja Mitarbeit des Betrachters angewiesen ist. Er sagt, um sich verständlich zu machen: »Jeder macht ab und zu die Erfahrung: Ein dem Sprechenden belangloses, beiläufig hingesagtes Wort – den Hörenden trifft es tief. Vielleicht ist er genau in diesem Zeitraum in einer psychischen Situation, die seine Sensibilität für den fluktuierenden Hof rings um den zentralen Wortsinn, diesen ungleichmäßig vertiefend, erhöht hat.«

Das Wort vom Zur-Tiefe-Gehn. Claus geht solchen Worten nach, die er dann auch plastisch in einen Bezugsraum gestellt sieht wie in einen Hof; und er versucht diese Worte in einer oft Monate dauernden Auseinandersetzung fragend einzukreisen oder auszulegen. Zum Beispiel das Wort ›Wasser‹.

Wasser mit seinen unendlichen Transmissionen zur Materie als Tropfen und Pfütze, Strom und Meer. Als Lebenselexier oder zerstörerische Sintflut. In seiner Wirkung auf die Natur (»... daß das weiche Wasser in Bewegung/mit der Zeit den harten Stein besiegt« – Brecht) oder in Berührung mit der eigenen Haut (»... und das Wasser schöner kühl,/wenn ichs auf mich gieße« – Brecht).

Wort, das aus dieser allseitigen Durchdringung über den Begriff: Wasser = Leben = Bewegung = Fortschritt = Zukunft (»Wasser: welch/ein Wort. Wir verstehen dich, Leben.« Celan) im Sinn-Bild gewandelt hervorgeht: »Erscheinungen aus dem Wort ›Wasser‹« (1967). Wort, das seine Folgen zeitigt, Jahre später, wenn Claus von den Verfolgungen hört, denen chilenische Kommunisten ausgesetzt sind (mit Guillermo Deisler, einem visuellen Poeten, der über Paris nach Bulgarien entkam, steht er in Korrespondenz).

Wort, das ihm dann gewandelt, als Wort des Dichters Pablo Neruda wieder auffällt: »Es ist das zentrale Volumen der Kraft, der Wasser ausgedehnte Gewalt, die mit Leben erfüllte reglose Einsamkeit.«

Wort, das, damit zur Metapher geworden, der Selbstermutigung dient: »Wir verkörpern das Meer, das währende: die Feste der Hoffnung: eine Minute Dunkelheit macht uns nicht blind« (Neruda).

Claus nennt dieses Blatt seiner Solidarität für Chile »Submarines im Bewußtsein« (1973) und hat damit dem Wort ›Wasser‹

einen neuen Bedeutungsinhalt gegeben in einem Sprach-Bild, hat es im Gleichnis evident gemacht, was nichts anderes heißt, als – augenscheinlich.
Es ist kein Zufall, daß das Auge als erkennbares Signum für Erhellung und Durchleuchtung in seinen Blättern vielfältig hervortritt, auf diesem Blatt mit den wechselnden Blickrichtungen zurück und vorwärts bis in eine Dunkelheit, die uns doch nicht blind machen darf. Das Auge, in der Malerei vor allem das Sinnesorgan der Wahrnehmung und Kontrolle, ist bei Claus ebenfalls dem kritischen Kalkül des Verstandes unterstellt.
»Ich gehorche da einem inneren Zwang«, sagt er, »hier ist ein Auge im Werden, will ans Licht. In einer späteren Phase verschwindet es durch Überlagerung wieder oder bleibt, bleibt teilweise, verwandelt sich in anderes. Auge ist nicht gleich Auge, es hat semantischen Sinn, ob das Auge Pupille hat oder nicht, ob die Pupille geweitet ist oder verengt, ob die Lider Wimpern haben, ob zwei Augen nebeneinanderstehen oder eines isoliert (...) ob der Blick nach außen geht, ›Strahlen‹ emittiert oder nach innen sinkt.« Das Auge als Organ, das uns die Tiefe vertieft. Symbol – wie auf anderen Blättern das vielbedeutsame Zeichen der Schlange (die Raupe der Göttin Vernunft), der Eule der Minerva (der Pallas Athene), die Hand, der Umriß eines Kopfes, eines Vogels, eines Fischs – metaphorische Zeichengestalten.
Die Grenzen zwischen Verbalem, Literarischem und Zeichenhaftem, Graphischem sind verwischt, überlagern sich, gehen ineinander über.
Hat das Denken seinen Ausdruck gefunden, ›Ausdrucksgebärde‹ ihr Bild-Zeichen, so kehren sie im Prozeß des Wort-Findens wieder ins Noch-Nicht-Formulierbare zurück, eben im Begriff, sagbar zu werden: »jäh umgeben von bestürzenden Vorgängen (...) von denen der Sprechende, Weitersprechende nicht weiß.«
Claus registriert sie mit seiner Hand wie ein Seismograph.
Er sieht sich durch wissenschaftliche Versuche bestätigt, wenn

man mikroskopische Aufnahmen vom Gewebe der grauen Rinde des Großhirns mit den skurril erscheinenden Strukturen seiner Blätter vergleicht. Aufmerksam verfolgte er die Forschungen sowjetischer Wissenschaftler, mit einem Gerät die wechselnden Spannungen in Hirn- und Phonationssystem sichtbar zu machen, ohne daß die Versuchspersonen dabei sprachen. Von den Elektroden am Kopf übertrug ein Selbstschreiber bizarre Kurven, warf ein Oszillograph grüne Blitze auf einen Schirm: Denk-Schrift und Denk-Zeichen, die es noch zu entziffern galt, hatte man nur das ›Alphabet‹ und das Spektrum gefunden, die gedachten Laute, die vorgebildeten Worte zu unterscheiden.
Für noch nicht bestimmbare Empfindungen und Gedanken seismographisch die Zeichen zu finden, indem nach einer noch nicht sichtbaren Realität gefahndet wird, wie es in der Lyrik Paul Celan am Rande des Sagbaren versuchte, auf den wir immer wieder in unseren Gesprächen zurückkamen, auf das ›Sprachgitter‹, durch das hindurch anderes mitspricht: »Jene Zeitstelle, in der differente organische, psychische, gesellschaftliche, kosmische Prozesse als kompliziertes Ineinanderwirken ins Handbewußtsein drängten (...) in neue Wirklichkeit...«

4
Raumwerdende Zeit – Denklandschaften

Lesend aber gleichsam, wie
in einer Schrift, die Unendlichkeit nachahmen
und den Reichtum
Menschen...

(Hölderlin)

Mit-sich-selbst-eins-Sein, um der Wirklichkeit souverän begegnen zu können. Mitten im Leben stehen und doch bei sich selbst bleiben – wem gelingt es schon?

Ich gehe von meinem Tisch weg. Ich trete aus dem Zimmer, aus dem Haus. Die Begegnungen, die auf mich zukommen, auf die ich zugehe, sind einmalig, sind unendlich. Heimgekehrt, finde ich in Dokument und Legende, in Dichtung und Wahrheit, was ich anders aber nicht allein erfuhr.

Ich weiß schon, was ich schrieb. Ich kann es vergleichen. Geht es wenigstens einen Schritt über das hinaus, was mir schon bewußt war? Daß mich das Geschriebene fortführt über die eingelaufenen Bahnen der Haupt- und Einbahnstraßen – in niegesehenes Land?

Claus, einmal dorthin gelangt, wohin man ihm nicht gleich folgen wollte oder mochte, sah sich ständig vor Fragen, auf die moderne und überlieferte Denkweisen und Bildlösungen keine Antwort gaben, nur Ermutigungen, Fingerzeige. Seine nicht mehr nur vertikal und horizontal sich erstreckende Schrift will, bei gleichzeitiger Transparenz, über die Fläche in die Tiefe, weitet sich aus, sammelt sich, in überlagernden Schichten wie in Brennpunkten: Um das »Sprach-Welt-Bewußtsein« des Ichs in der Konstruktion eines »Sprach-Welt-Raums« auszubauen, der Zeitebenen und Bilddimensionen, Einst und Jetzt, Blickfeld und Hintergründe umfaßt. Die Idee einer Landschaft aus Denken und Sprache. Einer Landschaft, die sich – zuächst abstrakt – aus These, Antithese und Synthese im Skizzieren ausdenken läßt. Landschaft, in der dann – konkret in dialektischer Spannung zwischen Schriftzug und graphischem Symbol – ganz persönliche Bewegung und Weltzusammenhang aufeinandertreffen. Anregungen kommen von Blochs ›Subjekt-Objekt‹-Untersuchungen und von seinem ›Prinzip Hoffnung‹. Polare philosophische Strömungen geben starke Impulse: die pantheistischen, mystischen Anschauungen Valentin Weigels (»auf der Welt bin ich, die Welt traget mich (. . .) und ich trage die Welt, und umgreife die Welt«). Das religiös-urkommunistische Pathos der auf revolutionäre Veränderung drängenden Thomas Müntzer (»Wenn das Wort der Schrift erfüllt wird, dann muß man bereit sein, für das Wort das Leben zu lassen«). Leitmotive sind ihm die tatkräftig auf Praxis zielenden Lehren des Paracelsus wie die naturdialektischen, sinnlich ganz faßbaren Prinzipien Jakob Böhmes, dem sich die Mannigfaltigkeit und Einheit der Welt in Gestalt und Metapher eines sich mächtig verzweigenden Baumes auch bildhaft offenbart.

Die ganz aus Schrift erwachsende »Paracelsische Denklandschaft« (1962) basiert auf schriftwerdender, sich auf dem Blatt tektonisch entfaltender Sprache – fern jeder ›Disziplin und Schule‹, wie es in Paracelsus' Buch »Paragranum« heißt: »das auch die augen den verstand begreifen (...) und die zunge dermaßen ein wissen trage (...) also sol der arzt den menschen bedeutlich in wissen tragen, genommen aus dem spiegel der vier elemente, dieselbige fürbilden ihm den ganzen microcosmum ...«

Der Mensch als Spiegel des Makrokosmos. Claus versteht unter der »Sonne Microcosmi: das Herz, das seine Energien mit denen der Rinde vereint« hat, Übereinstimmung von Seele und Verstand.

Nur wenige Zeit später nach diesem Blatt folgt die »Allegorische Skizze: Die Umwandlung die Lesestoff erfährt« (1963/64), kartographisch sich fortschreibende Bezugsfelder, die breits das Augensymbol verwenden. Symbol, das dann – auf einem ästhetisch wie semantisch reichen Blatt – mannigfaltige Perspektiven eröffnet in der »Historischen Allegorie Prag« (1963). Da liegt denn das geistige Antlitz der Stadt wie auf einem ideengeschichtlichen Stadtplan vor uns, unerschöpflich und übersichtlich zugleich. »Die kleinen Augen in der linken Blatthälfte der Vorderseite«, sagt Claus, »fungieren, liest man die in Spiegelschrift daruntergeschriebenen Worte, als Signalelement Libussas, jener legendären Seherin, Stadtgründerin. Der Blick des Augenzeichens für Libussa, geweitete Pupillen, geht in eine noch ferne Nähe außerhalb des Blattes. ›Die Stadt Tabor‹ steht weiter unten geschrieben; das was in Tabor als antizipierendes kommunistisches Stadtexperiment geschah, meinte Libussa, einer hussitischen Überlieferung nach, eigentlich mit Prag. Nicht die versteinerte Gebärde der Macht, der

Herrschaft von oben, rechts den Hradschin. Nur einer der Mächtigen, Rudolf II., oben, vergaß sie – die Macht, fast.. ward blind, irre, als er, den Kopf zu Libussa geneigt, nicht starb.
Der nach oben zielende Blick der Schlange, links unten, kreuzt den in die Zukunft gerichteten Libussas. Unter der Schlange in Spiegelschrift die Frage nach ›jener Faust im Wappen Prahas‹, die Franz Kafka, auf der anderen Blatthälfte, an allen Stellen des Labyrinths – der spätbürgerlichen Entfremdung – spürte ... rechts unten das ungefüllte Rechteck (= Zeichen für die Altneuschul), das eigentliche Experimentzentrum Prags ... Sowie u. a. diese auf dem Blatt reflektierten Vorgänge: Die Geschichte der Klassenkämpfe, quer durch die Geschichte der nationalen Unterdrückung hindurch. Die Geschichte der tschechischen Arbeiterbewegung ...«
Man erhält, geht man nur an die Decodierung eines solchen Blattes, noch weitere Zeit-, Raum-, Bedeutungs-, Wechselwirkungen, die dem Betrachter freies Spiel für eigene Schlüsse und Assoziationen geben, um mit dem Autor eine bisher unbeschriebene Terra incognita auszumachen. Claus verfaßt, den Dialog mit dem Leser zu erleichtern, knappe Essays, die dann aufschlußreich werden, wenn sie eine Blattidee nicht nur kommentieren, vielmehr auch Fingerzeige über Ursprünge und Konsequenzen geben, die wiederum sinnlich werden.
Die Geste der sich ausstreckenden Hand auf dem Sprachblatt »Nach der Schlacht bei Frankenhausen, nach Thomas Müntzers Tod« (1962/63) – Menetekel und Brandschrift für Aufbruch – weist nicht nur für den Autor über das Einzelblatt längst hinaus, er greift nicht nur das Thema wieder auf (1970 unter dem Motto: »Die Idee aber der kommunistischen Revolution lebt weiter«), es regt ihn auch an, eine ganze Reihe von Blättern zu schreiben, die er schließlich zu einem »Geschichtsphilosophischen Kombinat« (1959–1964) zusammenfügen kann; transparente Blätter, die, übereinandergelegt und voneinander abgehoben, hinter den vier Ebenen des Einzelblattes weitere Dimensionen aufscheinen lassen, verblüffendes Ver-

fahren, in dem sich »Blatt-Tendenzen« zu einem »Blatt-Werk« einfinden, die ein »Buch« entstehen lassen, das den sich bildenden Stoff weiter und weiter treibt: »versuchte dialektische Vermittlung von: Sinneswahrnehmung, Denken, Gedankenstoff, Affekten, Sprechklängen, Schreibbewegungen, Schrift und Beschreibstoff . . .«

Blatt um Blatt *raumgewordene Zeit, zeitwerdender Raum.* Die Vision einer genuinen utopischen Landschaft von einem gegenwärtigen Punkt aus in Raum und Zeit gestellt. Die Vision, die den Kontrast zu unserer dringlichen Wirklichkeit braucht, um ihre Ausstrahlung sichtbar zu machen.

Blätter von Claus, in Photovergrößerungen frei in den Ausstellungsraum placiert, halten auch in der Reproduktion stand – wie das »Denk-Mal für den Rebben Jichzok Leib Safra, 1944 in Auschwitz ermordet« (1961/62), als die Kunsthalle Baden-Baden 1964 seine Arbeiten vorstellt. Er erreicht zum ersten Male ein größeres Publikum. Progressive Zeitschriften, die sich der visuellen Poesie, als figuralem Gestalten durch einen Text, widmen, bringen Abbildungen und Aufsätze von ihm, er ist auf internationalen Expositionen vertreten, gewinnt Freunde und Enthusiasten. Der Bann der Isolation scheint endgültig gebrochen. An unterschiedlichen, auch heftigen Reaktionen hat es nie gemangelt. 1974 kann er in Poznan ausstellen, 1975 in der »Arkade« Berlin, Drucke werden Ausgaben zeitgenössischer Lyrik zugeordnet.

Man sollte ihn erlebt haben, wie er einem seine Blätter vorführt, kühl bedächtig Strukturen deutend, sich im Gespräch zunehmend bekennend, befeuert von einer inneren Leidenschaft, die nur deshalb nicht überspannt wirkt, weil sie keine Verschwommenheit, keine Sentimentalität duldet, keine Esoterik, sondern ganz sachlich und zuvorkommend versucht, auch die verschlungensten Pfade ihrer Kunstlandschaft freizulegen. Etwa den »Eulenspiegel-Reflex«, den er 1964/65 schrieb, Blatt, das den grüblerisch-angestrengten Ernst einmal in einem fast spielerischen und zugleich aggressiven Ausbruch aufhebt.

Claus sagt, daß er den Eulenspiegel schon früh kennenlernte, aber nicht wie die meisten von uns in einer der kindertümlichen Fassungen, sondern gleich als Volksbuch. Er übte sich, Gewandtheit und Geschick des Schelms nachahmend, in Jiu-Jitsu, um alle Gegner besiegen zu können, verstand seine Streiche als ›List der Schwachen‹.
In Zusammenhang mit seinen Studien über die Renaissance und Bauernkriege stieß er, unvermittelt, wieder auf ihn, Ulenspiegel, nun Protagonist einer Epoche, Selbsthelfer und Vorläufer der revolutionären Kämpfe am Ende von Feudalismus und Mittelalter, ebenbürtig den Humanisten Erasmus von Rotterdam, Sebastian Brant bis zu Thomas Murner, die mehr als ein Jahrhundert später in ihren »Narrenspiegeln« seinen Geist aufnehmen und ihn gegen alte und neue Dogmen einsetzen, die Hierarchien zu stürzen.
»Eulenspiegel kreuzte auch im phosphoreszierenden Spannungsfeld Prag auf«, direkt in der 28. Historie des Volksbuches: »Also zoch Ulenspiegel inn Behemen gen Brag . . . Unnd zu der Zeit woneten daselbst noch gut Cristen, zu der Zeit, als Wicklieb uß Engelland die ketzerei in Behemen thete und durch Johannes Hussen geweitert ward, und gab sich uß für ein grossen Meister, zu berichten grosse Fragen, die sunst ander Meister mit ußlegen oder Bericht kunden geben . . .«
Eulenspiegel tritt hier direkt den Scholastikern gegenüber und führt ihre spitzfindigen Pseudofragen witzig ad absurdum, ein Spiel mit ihrer Denkweise.
»Was aber waren denn nun die ersten Schriftzüge auf dem weißen Blatt Durchschlagpapier?« fragte Claus, als wir den Reflex wieder vornahmen. »Die ›Niederkunft‹ der Augen leitete wohl den Schreibprozeß ein«, und Signum für unbestechlichen Blick ist ja die Eule, Eulenspiegels Wahrzeichen neben dem Spiegel, den er als Klar- und Zerrspiegel, als Instrument für Welt- und Selbsterkenntnis wählte.
»Die Augen«, sagt Claus, »hielten allen späteren Zerstörungen stand, sind also quasi die Papillarlinien dieses Eulenspiegels«, wie das schon in einer Frühphase des Blattes bemerkbar

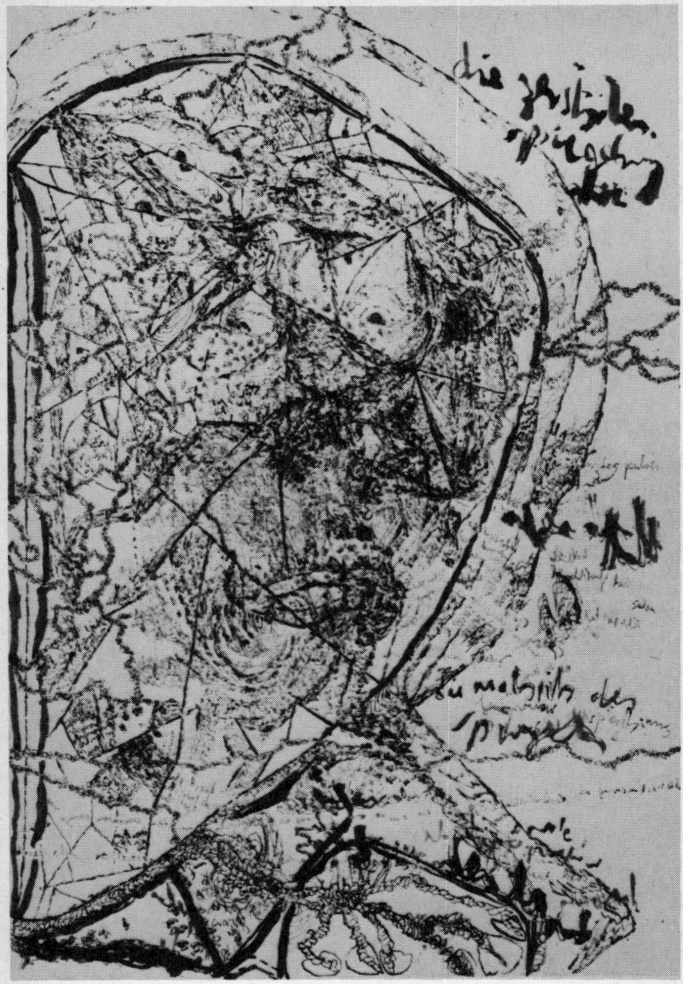

Eulenspiegel-Reflex 1964/65
(Ansicht von der Rückseite des Blattes)

ist, die noch als Photo vorliegt. »Aber etwas Wesentliches fehlte noch.« Und er vergißt dabei, daß diese erste Fassung schon nahezu ein Gesicht zeigt, den Umriß eines Kopfes mit Kinn und Lippenmund – eine bishin bei ihm kaum auftretende Form.

Die Worte »Widerspiegelung der verbalen Seite« sind auf Anhieb zu lesen, sie zielen auf die Spielart des »Narren«, Aufträge, Hinweise und Befehle wörtlich zu nehmen, um sie damit außer Kraft zu setzen oder ihnen erst Geltung zu verleihen. Eulenspiegel ißt eben »für sein Geld«, was und wieviel ihm beliebt, und er bäckt Meerkatzen, wenn es ihm angewiesen wird, befolgt die Geschäftsregel »Wer Brot hat, dem gibt man Brot«.

Claus schwebt damit bald eine ›wesentlichere‹ Gestalt vor als nur die der populären Schwänke. Sie ist im ersten Anlauf nicht zu erreichen.

»Ich erfuhr, wie wichtig es ist, daß, ist man einmal in einer Arbeit, sich dafür unbegrenzt Zeit gibt. Hat der Arbeitsimpuls seinen Ursprung in dem, was man als ›Existenzkern‹ bezeichnet, oder wandert er zu diesem hin, können Unterbrechungen sehr nützlich sein. Denn da geschieht etwas, von dem man im Moment oder in der Zeitspanne des Nichts-Tuns nicht weiß. Anreicherungen, Stauungen, Verrückungen, die Berichtigung sein können.«

Zu tilgen ist ja nicht, was auf dem Blatt bereits steht, er kann es ›zerstören‹, durch Überschreiben in konträre Schraffur verwandeln, Gegenimpulse auslösen. Verworfen wird ein einmal begonnener Ansatz nicht, nur weitergeführt, auch, wenn er damit in anderer Richtung vorstößt.

»Und plötzlich merkt man«, sagt Claus, »etwas in den Fingerkuppen, ja, genau da. Sich der Vergänglichkeit dieses neu eröffneten Augenblicks bewußt sein. Die Feder zur Hand nehmen. Alles andere liegenlassen. Leider habe ich nicht immer die Geistesgegenwart, diesen psychischen Druck sofort umzusetzen.«

Daß an der ›Gestalt‹ Eulenspiegels noch Wesentliches fehlte, wird ihm eines Nachts aus seiner Beschäftigung mit einer eigentlich ganz fern liegenden Spracherfahrung ›blitzartig‹ bewußt. Ihm fällt ein: Diesem sich bildenden Gesicht fehlt die Nase. »Nase aber heißt hebräisch ›aph‹; ›aph‹ aber bedeutet in Synekdoche als Teil fürs Ganze: ›Antlitz‹. Und ›aph‹ heißt zugleich ›Zorn‹, ›Aufbegehren‹. Im kabbalistischen Adam hakadmon hat die Chiffre ›aph‹ entscheidende Willensbedeutung.

Das Gesicht, das nun entsteht, hat, Eulenspiegels Vorgehen analog, seine Wurzel darin, die Worte beim Wort zu nehmen, die Verhältnisse vom Kopf auf die Füße zu stellen. »Das Licht der Zerbrechung geordneter Herrschaftsstrukturen – in diesem Satz liegt die Nasenwurzel, genauer: der Blitz, der sie hervorruft.«

So profiliert denn sein Blatt das scharfnasige Gesicht Eulenspiegels, die Schellenkappe um den Kopf angerissen, zerklüftete Landschaft wie das Gesicht der zerklüfteten Zeit, in der sich sterbendes Mittelalter und anbrechende Neuzeit überschneiden, Feudale, Bürger, Bauern, Reformation und Gegenreformation, Revolution und Restauration – Zeit im Spiegel eines solchen Kopfes, von heute aus re-produziert, »zerstörte Spiegelung« – wie man lesen kann –, durch das Temperament eines Künstlers gesehen, der sich so mit in Szene setzt.

Claus erzählt von einem Traum, in welchem ein Bauer jener Zeit sich, die Gestalt Eulenspiegels und diesen Reflex in einem halbblinden Spiegel sieht. Und er erinnert sich an ein Erlebnis am Ufer der Saale: »Es war ein ziemlich nebliger Abend, von meinem Beobachtungsort aus waren die Bäume des gegenüberliegenden Ufers – tief unten – von weißen Schwaden umzogen; Ihr Spiegelbild im Wasser aber von fast unheimlicher Klarheit und Schärfe.« Klarheit, die bei aller Differenzierung aus diesem Reflex hervortritt: eine Inkarnation Eulenspiegels, dem die Einleitung zur 65. Historie des Volksbuches zuschreibt: »Dem must du ein Schalckheit thun, es sei, waz es wöl, daß der Irrtum uß dem Volck kum.«

Claus gleicht mir manchmal dem Hieronymus im Gehäuse, der, listig und heiter die Dinge der Welt zu sich hereinholt, um sie, mit seinen Zeichen versehen, wieder auszusenden, «Hic fuit«. Das war ich. Das bin ich. Erkennt ihr euch selbst.

5
Aurora

Der durch dich hindurch-
gehämmerte Strahl,
der hier schreibt,
röter als rot.
Mit seinen Worten
dich aus der Hirnschale schälen,
hier verscharrter Oktober (...)
(Paul Celan)

Das Geschriebene soll mich kenntlich machen, und es sei nur in einer Zeile, einer authentischen Wendung, einem genauen Wort. Es soll mich anderen zur Verfügung stellen, die mir kenntlich geworden sind. Damit nehmen wir Zukunft vorweg.

Woraufhin schreibe ich denn, wenn nicht ›auf Hoffnung‹. Doch nicht für den genügsamen Augenblick, für Vergehendes, doch nur im Hinblick auf etwas. Ob ich das nun bestreite oder anstrebe, ob ich es billig mißachte oder betreibe. Wer sähe sich nicht gern in kommender Zeit?

Claus, auf sich verwiesen wie kaum einer, strebt wie kaum einer über sich hinaus, und das ist bei ihm gar nicht forciert; wenn er darüber spricht, wird nur die Anstrengung sichtbar. »Ich sitze Tag und Nacht an ›Aurora‹ ... die gegenwirkenden schwarzen Schübe, ihre erstarrte Unruhe, die sich als Letalfaktor im Morgenrot selbst zeigen: dem bin ich, ist mein Leben ... seit eh und je ja ausgesetzt ...« Es ist auch ein Schreiben ums Überleben, wenn er seine Fragen in die Zeit hinein vortreibt, jedenfalls für ihn. »Erst unter den Bedingungen möglicher klassenloser, d. h. kommunistischer Gesellschaft kann Fülle und Intensität der Welt in ihrer Tiefenstruktur realisiert werden. Wobei die Sinnfrage und die nach dem Tod ideologiefrei sein würden, also an Härte und Schwierigkeiten zunehmen. Vielleicht liegt in der Energie Liebe ihre Lösung. Das Aurora-Gebiet der Liebe findet sich im Innersten.«

Claus hat, in seiner Umwelt wohl heimischer werdend, wenn auch durchaus noch »freiwillig gewählten negativen äußeren Bedingungen« ausgesetzt, in den letzten Jahren verschiedene graphische Techniken ausprobiert. Vor allem auf das Drängen von Freunden hin. Er hat – neben stark engagierten Sprachblättern zu aktuellen Ereignissen in Polen und Vietnam, in Prag, Chile und Nahost, Blätter »von gewaltsamen Ballungen, tosenden Strudeln bis zur Verinselung oder zur verinnernden Flüchtigkeit« (W. Schmidt) – auch Lithos (zum Frühwerk Brechts), Zinkographien (Psychologische Improvisationen) und in Kontakt zu aufgeschlossenen Kollegen in Karl-Marx-Stadt schließlich Radierungen in seiner Schreibweise gemacht. Vor allem weil sie die Reproduktion ermöglichten, nicht nur die Wiedergabe durchs Photo auf Ausstellungen. Er will ja den Austausch mit dem Leser, will zudem keinen künstlerischen Stillstand: »die neuen Materialbedingungen fordern andere Bearbeitungs- und Denkumsetzungs-Methoden.«

Bedingt durch das zu bearbeitende Material Stein oder Metall, das den hautnahen Kontakt über Fingerkuppe und Feder kaum zuläßt, wie das anpassungsfähige, ›nachgiebige‹ Papier, führte das sicher zu einer gewissen Verfestigung seiner Zeichen und Symbole, zwangläufig auch zur Einschichtigkeit. Der Druck hat kaum die Spontaneität und Faszination, die von dem Sprachblatt ausgeht, das ich wie ein Autograph in die Hand nehmen kann, es zu lesen wie einen an mich ganz persönlich gerichteten Brief, und sei er noch so apokryph. Trotzdem – Claus geht es auch bei seinem graphischen Schreiben nie um Illustration oder auch nur ›Gedankenkunst‹, bloße Umsetzung ins Graphische. Und wenn er den Zyklus »Aurora« als willkommenen Auftrag begann, so doch nicht, um in

Politpsychologische Reflexion: Eingreifen
(Radierung) 1978

Abbildung oder gar künstlerischer Apotheose historischen Taten und Gestalten ein Denkmal zu setzen, vielmehr um sich selbst in dieses Erregungsfeld zu stellen, rezipierend, anrufend, nachdenkend und fragend, den Oktober mit eigenen Worten ›aus der Hirnschale schälen‹: »Das Aurora-Signal des Russischen Oktober als Vor-Signal möglicher universaler Bewußtwerdung.« Das »An Alle« wieder wörtlich nehmend, auch als Hoffnungssymbol wie das griechische »Hen kai pan« – Eins und Alles, das Hölderlin an seine Wand schrieb.

Das Phänomen ›Morgenröte‹ – »der gehämmerte Strahl,/der hier schreibt,/röter als rot...« hatte für ihn ohnehin nichts Außergewöhnliches. Psychisch verband sich bei ihm die Farbe Rot, der alchyme ›Rote Leu‹, mit dem sexuell Sinnlichen, eben auch mit der Energie Liebe. Geistig war ihm das transparente Licht des anbrechenden, beginnenden Tages mit jenem Begriff der Energie identisch, wie ihn schon Jakob Böhme in seinem Buch »Aurora oder Morgenröte im Aufgang« als »hellsichtiges Wesen« und Materie zugleich verstand, Energie, der Lenin ein »subjektives Wesen« zubilligt, das in der Tat in ihr stecke.

Die neuen Horizonte, die sich dem Sozialismus aus den Wechselbeziehungen zwischen Gesellschaft und Individuum, zwischen Mensch und Natur antizipierend eröffnen – sie will Claus mit seinem Blick in diesen Blättern anvisieren: »Naturalisierung des Menschen – Humanisierung der Natur – das kommunistische Zukunftsproblem«, wie es bereits ein Sprachblatt von 1967 nennt.

Claus handhabt diese großen Begriffe, so seltsam es klingt, wie vertraute Gegenstände. Er nimmt ihnen jede Lebensferne, Abstraktheit und Mythos, weil er keine Differenz zwischen sich als Person und dem, was sich da kosmisch gewaltig vor ihm auftut, gelten läßt.

»Die Galgen werden grünen« heißt das 2. Blatt der Folge und nimmt ein Wort wieder auf, das er schon einmal, auch durch die Farbe Grün sinnlich und symbolisch aufwachsen ließ (»Das Grünen der Erde«, 1966), intoniert nach dem hebräischen ›de-

sche‹, »das sich entfalten läßt aus ›Aleph Cheth Daleth‹ = ›Eins‹ (korrespondierend mit ›Liebe‹) aus ›Chet Daleth Schin‹ = Neues, ›Daleth Schin Aleph‹ = junges Grün«. Er nimmt auf dem Blatt die Metapher ganz wörtlich, den Raum zwischen Leere und pflanzenhaft Behaustem klug aufteilend, wie man es von alten chinesischen Tuschezeichnungen kennt, filigran, frühlingshaft. Grün – das in anderer Art im Hohelied Salomonis, dem hebräischen ›schir haschirim‹ anklingt, wie Claus meint, von Luther einfach übersetzt: »Unser Bett ist grün«, Wort, das aber, wie es atheistische Kabbalisten neu lesen, korrespondiert mit ›ajin sin he‹ mit wirken, tun, vollziehen, arbeiten, so daß man das ›ajin resch sin‹ nicht nur als Bett lesen kann, sondern auch als Laube, Hütte, Körper. »Ich lese den Satz ›unser Körper grünt‹, wie auf dem 8. Blatt im Werden neuer Sinnesorgane . . . Bewußtwerden noch nicht bewußter Fähigkeiten. Denn genau dieser Satz hat – neben der in den Jehuda Halewi und Paracelsus-Zitaten genannten – Beziehung zu der arabischen Legendenfigur CHIDR. ›Chidr‹ – der ewig Grünende, der nie ermüdende Wanderer, der durch Jahrhunderte und Jahrtausende über Länder und Meere schweift . . .«
Für Claus ist »Aurora« nicht nur eine historische Wendemarke, menschliche Produktivkraft fruchtbar zu realisieren. »Aurora« ist ihm Inbegriff der Menschwerdung schlechthin. Inbegrifff »des Reichtums der inneren Natur des Menschen, neuer Kommunikationsorgane wie der Eprobung im Selbstexperiment«.
Mit dem Wort »Selbstexperiment« verknüpft er mutig seine Weise, Welt zur Sprache zu bringen, mit gesellschaftlichem Anliegen. An seinem Zyklus arbeitete er bis zur körperlichen Erschöpfung. Er sagt, »der Schmerz nimmt zu. Aber dann manchmal auch die Intensität des Wärmestroms und des Schimmerns, des Leuchtens. Ich meine jenes psychische Dunkel, in das man alltäglich neu eingeht, eingehen muß, will man die physisch-psychische Sende- und Empfangsstation erreichen, deren Kontaktlichter erst in dem Augenblick aufglän-

zen, da man sie erreicht hat (. . .) Ungewißheit, wie viele zufällige Durchkreuzungen, Irr-Erscheinungen, Zusammenbruch. Aber andererseits: Mit welcher Kraft durchtränkt Aurorahaftes den ganzen Körper . . .«
So kann man ihn sehen. Müde, angespannt von nervöser Energie. Seine Zeichen auf ein neues Blatt setzend, immer wieder, z. B. das Wort ›grün‹ . . . Zeile aus dem Hohenlied, Figur des Chidr, des ewig Grünenden, des nimmermüden Wanderers, lautloses Sprechen, das sich verpflanzt bis ins gegenwärtige Gedicht Celans:

es wird ein Gehn sein, ein großes,
weit über die Grenzen,
die sie uns ziehn.

(1977)

Quellennachweise

Im deutschen Dichtergarten, Vortrag zum 50jährigen Bestehen der Buchhandlung »Buch + Grafik« Hoffmann in Eutin am 5. September 1982; durchgesehene und veränderte Fassung.

Trösteinsamkeit. Achim von Arnim – der märkische Romantiker als Einsiedler, Nachwort zu: Achim von Arnim, »Mir ist zu licht zum Schlafen«, Gedichte, Prosa, Aufsätze, Stücke, Briefe, hrsg. v. Gerhard Wolf in der Reihe »Märkischer Dichtergarten«, Buchverlag Der Morgen Berlin/DDR 1983 und S. Fischer Verlag, Frankfurt a. M. 1984.

Stimme gegen das Vergessen. Zum 20. Todestag von Johannes Bobrowski, zuerst in: »Freibeuter« West-Berlin, 25/1985.

Unterwegs nach Utopia. Lyrik der DDR Ende der siebziger Jahre, mehrteilige Sendung für Radio Bremen 1981, abgedruckt in: »die horen« 124, Hannover; durchgesehene Fassung.

An einem kleinen Nachmittag. Brecht liest Bachmann, in: »Der dunkle Schatten, dem ich schon seit Anfang folge« – Ingeborg Bachmann, Vorschläge zu einer neuen Lektüre des Werks. Löcker Verlag, Wien, München 1982. – Die Ausführungen Käthe Reichels, der ich die Einsicht in das von Brecht korrigierte Exemplar der Gedichtsammlung »Die gestundete Zeit« Ingeborg Bachmanns verdanke, sind Auszüge aus einem Tonbandgespräch mit ihr. In dieser Ausgabe werden alle von Brecht korrigierten Gedichte der Bachmann in Faksimile zum ersten Mal wiedergegeben.

Skizzen für ein Porträt Erich Arendt, Teil I: »Auf das Wort gebracht«, Nachwort zur Herausgabe einer Auswahl der Gedichte Erich Arendts, Reclam Verlag, Leipzig 1972 (3. erw. Auflage 1983); Teil II in: »Der zerstückte Traum, Für Erich Arendt zum 75. Geburtstag«, Agora Verlag Darmstadt, Berlin 1978; erw. Fassung.

Freier Umgang mit klassischen Formen bei täglichem Hofgeschrei. Zu den Gedichten Karl Mickels, ebd., veränderte Fassung.

Im melancholischen Hain. Ewald Christian von Kleist, Nachwort zu E. Ch. v. Kleist, »Ihn foltert Schwermut, weil er lebt«, Sämtliche Werke, hrsg. v. Gerhard Wolf in der Reihe »Märkischer Dichtergarten«, Buchverlag Der Morgen Berlin/DDR 1982 und S. Fischer Verlag, Frankfurt a. M. 1983; gekürzt.

Die gebrochene Ode oder: Training des aufrechten Gangs. Zur Lyrik Volker Brauns, in: »die horen« 124; durchgesehene Fassung.

In eigener Sprache schreiben. Carlfriedrich Claus und seine Sprachblätter, zuerst in: »Mir scheint der Kerl lasiert«, Dichter über Maler. Buchverlag Der Morgen Berlin/DDR 1978; durchgesehene Fassung. – Die Wiedergabe der Blätter von Claus erfolgt mit seiner Zustimmung.

Luchterhand Jahrbuch der Lyrik 1985
Herausgegeben von Christoph Buchwald und Ursula Krechel
Sammlung Luchterhand Band 685

– Luchterhand Jahrbuch der Lyrik 1984
  Herausgegeben von Christoph Buchwald
  und Gregor Laschen
  Sammlung Luchterhand Band 584

Das erste Luchterhand Jahrbuch der Lyrik – 1984 – war ein Anfang, dessen Anspruch und Absicht im Band für 1985 mit Ursula Krechel als Mitherausgeberin fortgesetzt wird.
Der Band enthält:

- einen Rückblick auf die Lyrikbände des Vorjahres, aus denen die Herausgeber 8–10 ihrer Meinung nach Maßstäbe setzende Gedichte vorstellen
- eine Auswahl unveröffentlichter Gedichte, die wieder thematisch in Kapiteln versammelt werden
- Gedichte von jungen Autoren, die noch keinen eigenen Lyrikband veröffentlichen konnten
- einen »Blick übern Zaun«: fünf holländische Lyriker werden vorgestellt
- poetologische Verlautbarungen, Schmähbriefe, Leserzuschriften, Gedichte über den Zustand der Poesie und ein unausgewogen Stellung beziehendes Nachwort.

»Luchterhands Jahrbuch vereinigt sehr viele namhafte Autoren. Parteiisch zwar, aber die Auswahl ist vorbildlich: sie trifft und sie leistet Sondierungen. Das Niveau ist grandios und reicht, wie's nicht anders sein soll, an beide Grenzen: der Mitteilung und der Poetik«. *Rainer Stöckl, Zürichsee-Zeitung*

Herbert Hoven (Hrsg.)
Literatur und Lernen

Zur berufsmäßigen Aneignung von Literatur
Sammlung Luchterhand Band 614

Auf den Umgang mit Literatur in Schule und Hochschule nehmen die Produzenten von Literatur, die Schriftsteller, kaum Einfluß, obwohl das, was im Unterricht mit Literatur »angestellt« wird, oft in krassem Widerspruch zu den Absichten der Autoren steht. Das ist keine Frage des literarischen Geschmacks. Je stärker sich heute die restaurativen Tendenzen ausbreiten, desto restriktiver werden die Rahmenbedingungen der Kultus- und Wissenschaftsministerien der Bundesländer, in denen das Literatur-Lernen festgeschrieben ist. Literatur als mögliches Medium des Widerstands wird, mehr noch als ehedem schon, neutralisiert, und es ist auffällig, wie wenig Lehrer und Hochschullehrer sich öffentlich gegen diese Restauration wehren. Die Perspektive der an diesem Sammelband beteiligten Autoren benennt Ludwig Harig: »Ich gebe nicht auf. Denn nur das fortwährende Verrücken des Zurechtgerückten und das stetige Zurechtrücken des Verrückten ändert die Welt ein bißchen, vielleicht.«